Claire **Miquel**

Communication
Progressive
du Français

2e ÉDITION

avec 450 exercices

Corrigés

CLE
INTERNATIONAL
www.cle-inter.com

Mise en page : Arts Graphiques Drouais (28100 Dreux)
© CLE International, 2014
ISBN : 978-209-038164-1

SOMMAIRE

CORRIGÉS

Unité 1 **Faire le marché**

Exercices page 9

1 **1.** F – **2.** V – **3.** F – **4.** F

2 **1.** faut/faudrait – **2.** faudra – **3.** fallait – **4.** faut – **5.** faudrait

3 **1.** beau – **2.** dinde, poulet – **3.** pâté – **4.** tranches – **5.** blanc, cru – **6.** bon

4 **1.** Je voudrais/Il me faudrait un poulet rôti. – **2.** Qu'est-ce que vous me conseillez ? – **3.** Vous auriez de la pintade ? – **4.** Il m'en faudrait 8 tranches bien fines. – **5.** Vous pourriez me la couper en morceaux ?

5 **1.** il me faudrait/je voudrais ; il vous en faut/faudrait – **2.** désirez ; il me faudrait/je voudrais ; auriez

6 *(Dialogue possible)*
Le boucher : Bonjour, madame/monsieur. Vous désirez ?
Vous : Je voudrais quatre tranches bien fines de jambon blanc, s'il vous plaît.
Le boucher : Voici. Il vous fallait autre chose ?
Vous : Oui, je voudrais aussi un beau rôti de bœuf pour 6 personnes.
Le boucher : Voilà, madame/monsieur. Et avec ceci ?
Vous : Il me faudrait de l'agneau pour préparer un tajine. Qu'est-ce que vous me conseillez ?
Le boucher : Une belle épaule, ce sera parfait.
Vous : Vous pourriez me la couper en morceaux ?
Le boucher : Bien sûr, madame/monsieur.

Exercices page 11

1 **1.** prendre – **2.** faut – **3.** pâtés

2 *(Réponses possibles)* **1.** Oui, j'en mets un petit peu. – **2.** En fait, il y en a deux. – **3.** Non, il n'en reste plus ! – **4.** J'en achète un kilo. – **5.** J'en voudrais un beau morceau.

3 **1.** Non, il n'y en a plus. – **2.** Non, nous n'habitons plus/je n'habite plus ici. – **3.** Non, elle n'en prend plus. – **4.** Ils ne travaillent plus sur ce projet. – **5.** Non, je n'en veux plus.

4 **1.** barquette – **2.** quiche – **3.** tranches, jambon – **4.** morceau – **5.** céleri

5 a : 1, 3, 4, 6 – b. : 2, 5

6 *(Dialogue possible)*
La vendeuse : Madame/monsieur ?
Vous : Bonjour madame, je voudrais une barquette de céleri rémoulade et une autre de taboulé, s'il vous plaît, pour trois personnes.
La vendeuse : Et avec ceci ?
Vous : Qu'est-ce que vous avez comme tarte aux légumes ?

La vendeuse : Nous avons une tarte aux épinards, une tarte aux courgettes et au fromage de chèvre, et une tarte aux poireaux.
Vous : Alors, je vais prendre trois parts de tarte aux poireaux.
La vendeuse : Il vous fallait autre chose ?
Vous : Oui, donnez-moi un beau morceau de pâté de foie de volailles, s'il vous plaît.
La vendeuse : Ça va, comme ça ?
Vous : Un petit peu plus, s'il vous plaît.

Unité 2   Passer une commande

Exercices page 13

1 1. F – 2. F – 3. V – 4. F

2 1. de, à – 2. de – 3. à, au – 4. aux – 5. d'

3 1. a – 2. b – 3. a, b – 4. a, c

4 1. Il me faudrait une belle dinde pour Noël, s'il vous plaît. – 2. pour combien de personnes – 4. Il vous la faut pour quand/pour quel jour exactement – 6. C'est à quel nom

5 *(Dialogue possible)*
Vous : Bonjour monsieur, je voudrais louer du matériel pour une fête.
Le vendeur : Oui, c'est pour quelle date / pour quand ?
Vous : Pour samedi 9 août. Tout doit être livré avant 10 heures.
Le vendeur : D'accord. Qu'est-ce qu'il vous faut ? / De quoi avez-vous besoin ?
Vous : Alors, il me faudrait 40 chaises de jardin, 10 tables, une centaine d'assiettes, une centaine de verres, et des couverts pour 35 personnes.
Le vendeur : Très bien, c'est à quel nom et à quelle adresse ?

Exercices page 15

1 1. F – 2. V – 3. V – 4. F

2 *(Réponses possibles)* 1. J'irais bien faire un tour en forêt. – 2. Je verrais bien le dernier film de Woody Allen. – 3. Je mangerais bien un bon plat de pâtes. – 4. Oui, je boirais bien un petit verre de vin. – 5. Je me promènerais bien au bord de la mer.

3 1. a plu, convient, va – 2. du vin, un dessert, un steak. – 3. avez, prenez – 4. un petit rosé, une carafe d'eau *(le café n'est pas vraiment considéré comme une boisson lors d'un déjeuner ou d'un dîner)* – 5. saignante, à point.

4 *(Réponses possibles)* 1. Vous avez du cabillaud rôti et une bavette à l'échalote. – 2. Non, pas encore ! – 3. Saignante, s'il vous plaît. – 4. Une demi-bouteille de Côtes-du-Rhône, s'il vous plaît. – 5. Vanille, café, chocolat, praliné, caramel, pistache… – 6. Oui, merci, c'était délicieux.

5 *(Dialogue possible)*
Le serveur : Madame/monsieur, vous avez choisi ?

Vous : Euh non, pas tout à fait. Qu'est-ce que c'est, le plat du jour ?

Le serveur : Une blanquette de veau, ou un filet de cabillaud rôti.

Vous : La blanquette est servie avec quoi ?

Le serveur : Avec du riz. Et le filet de cabillaud est servi avec des légumes.

Vous : J'hésite un peu…

Le serveur : Prenez le filet de cabillaud, il est tout frais !

Vous : D'accord.

Le serveur : Et comme boisson ?

Vous : Un petit pichet de blanc et une carafe d'eau, s'il vous plaît.

Unité 3   Les prix

Exercices page 17

1   1. F – **2.** F – **3.** V – **4.** F – **5.** V

2   1. Combien ça coûte / Ça coûte combien ? – **2.** Pourquoi tu ne les achètes pas ? – **3.** Ils vivent où ? – **4.** Elle viendra avec qui ? – **5.** Vous en avez combien ? – **6.** Quel âge ils ont ? / Ils ont quel âge ? – **7.** Il vient comment ?

3   1. bleue – **2.** espèces – **3.** n'est pas donné – **4.** monnaie – **5.** réglée – **6.** c'est donné

4   *(Réponses possibles)* **1.** Je vous dois combien ? – **2.** Ça fera combien ? – **3.** Ça coûte combien – **4.** Les prunes sont à combien ? – **5.** J'en aurai pour combien ? – **6.** Ça fera dans les combien ?

5   *(Dialogue possible)*

Vous : Bonjour, monsieur, je voudrais offrir un joli bouquet de fleurs, mais je ne sais pas quoi prendre.

Le fleuriste : Oui, c'est pour quel type de personnes ? Une vieille dame ? Un jeune couple ?

Vous : C'est pour un jeune couple, qui aime bien les choses classiques.

Le fleuriste : Et vous voulez un bouquet dans les combien ?

Vous : Je ne sais pas… 20 euros, peut-être.

Le fleuriste : J'ai de très belles roses à 5 euros pièces.

Vous : Non, je n'aime pas beaucoup les roses.

Le fleuriste : Ou alors, vous avez ici des bouquets tout préparés. Ils sont un peu plus chers, autour de 30 euros.

Vous : Non, c'est au-dessus de ce que je voudrais mettre.

Le fleuriste : Il y aussi des orchidées, regardez.

Vous : Ah oui, une orchidée, très bonne idée. Celle-ci, par exemple. Elle est à combien ?

Le fleuriste : Elle est à 19 euros.

Vous : Alors, c'est parfait. Je vais la prendre. C'est pour offrir, donc.

Exercices page 19

1   1. F – **2.** V – **3.** V – **4.** V – **5.** V – **6.** F

2   *(Réponses possibles)* **1.** Celles-ci – **2.** Celle-là – **3.** Si, ceux-ci. – **4.** Celui-là – **5.** Si, je prends celui-ci.

3 1. mettre – **2.** donné – **3.** raisonnable – **4.** budget – **5.** dans – **6.** prix.

4 (*Réponses possibles*) **1.** C'est hors de prix ! – **2.** Dans les 50 euros. – **3.** Ce n'est pas donné ! – **4.** Oui, j'ai un autre modèle, mais il est plus cher. – **5.** Je vous la fais à 70 euros. – **6.** Il est à 30 euros.

5 (*Dialogue possible*)
Vous : Bonjour, je cherche une écharpe dans les bleus (= *à couleur dominante bleue*). C'est pour offrir à un(e) ami(e).
La vendeuse : Combien est-ce que vous voulez mettre ? / Vous voulez mettre dans les combien ?
Vous : Dans les 40 euros.
La vendeuse : Voici deux jolies écharpes.
Vous : J'aime bien celle-ci. Elle fait combien ?
La vendeuse : 64 euros.
Vous : Ah non, c'est vraiment au-dessus de mon budget, c'est dommage. Et la deuxième est à combien ?
La vendeuse : 37 euros.
Vous : Oui, elle n'est pas mal, mais elle ne me plaît pas beaucoup. Je vous remercie, je vais réfléchir…

Unité 4   Mesures et quantités

Exercices page 21

1 1. F – **2.** F – **3.** F – **4.** V

2 1. en – **2.** de, sur, de – **3.** en – **4.** sous – **5.** pour

3 1. l'enduit – **2.** couches – **3.** rénover – **4.** pots – **5.** refaire, état

4 (*Réponses possibles*) **1.** Il vous en faut combien ? – **2.** Il est en quelle largeur ? – **3.** Quelles sont les dimensions de la chambre ? – **4.** Il vous faudra combien de temps pour tout faire ? / Vous en aurez pour combien de temps ? – **5.** Il vous faudra combien de pots de peinture ?

5 (*Dialogue possible*)
Vous : Bonjour, je voudrais refaire une pièce, plus exactement ma chambre, à la fois la peinture et le sol.
Le vendeur : Oui. Pour la peinture, dites-moi la surface de la pièce.
Vous : Elle fait 15 m^2.
Le vendeur : Et pour le sol, qu'est-ce que vous comptez mettre ? De la moquette ? Du parquet ?
Vous : De la moquette.
Le vendeur : Suivez-moi, je vais vous montrer ce qui peut convenir pour une chambre.

Unité 5   **Modifier une réservation**

1   **1.** F – **2.** V – **3.** F – **4.** F *(l'hôtel n'a plus de chambre du tout)* – **5.** F – **6.** V

2   **1.** recevoir – **2.** vous inscrire – **3.** m'asseoir – **4.** t'entendre – **5.** remettre

3   **1.** avancer – **2.** repousser, grave – **3.** annuler, pose

4   **1.** j – **2.** d – **3.** h – **4.** i – **5.** g – **6.** a – **7.** c – **8.** f – **9.** e – **10.** b

Unité 6   **À la banque**

1   **1.** V – **2.** V – **3.** F – **4.** V

2   **1.** compte d'épargne, assurance-vie – **2.** billets de 20 € – **3.** danseur étoile, Opéra de Paris – **4.** somme d'argent, l'appartement de ses rêves – **5.** fonds de placement

3   **1.** retirer/prendre, distributeur – **2.** frais – **3.** placer, compte – **4.** pièce – **5.** courant, carte – **6.** somme

4   a : 3, 6, 7 – b : 1, 2, 4, 5, 8

5   *(Dialogue possible)*
Vous : Bonjour, madame, je voulais prendre du liquide, mais le distributeur ne marche pas. Est-ce que je peux avoir 120 euros en espèces ?
L'employé : Bien sûr. Vous avez un compte chez nous ?
Vous : J'ai un compte dans une autre agence de votre banque.
L'employé : Très bien. Donnez-moi votre carte bancaire.
Vous : Il me faudrait aussi des dollars. Est-ce que je peux changer 200 euros en dollars ?
L'employé : Ah, je suis désolé, nous ne faisons pas le change. Mais vous pouvez aller au bout de la rue, il y a un bureau de change.

Unité 7   **Échanger ou se faire rembourser**

1   **1.** est venue il y a bien longtemps. – **2.** de pull – **3.** est arrivé en retard à l'aéroport – **4.** trop chers

2   **1.** il y a – **2.** depuis – **3.** depuis – **4.** depuis – **5.** il y a

3   **1.** b – **2.** b – **3.** a – **4.** b

4   *(Dialogue possible)*
Vous : Bonjour, monsieur, j'ai acheté ce pantalon samedi dernier, mais il est vraiment trop grand. Est-ce que je pourrai le changer pour une taille au-dessous ?
Le vendeur : Oui, madame/monsieur. Vous avez votre ticket de caisse ?
Vous : Oui, bien sûr, le voilà.

5 *(Dialogue possible)*

Le client : Bonjour, monsieur, je voudrais changer ce T-shirt qui est beaucoup trop petit.

Le vendeur : Ah monsieur, c'est impossible, regardez : nous ne changeons ni ne remboursons les articles en soldes !

Unité 8 — Hésiter, ignorer

Exercices page 29

1 1. V – 2. F – 3. F – 4. V – 5. F

2 1. souhaiterions – 2. serait – 3. auriez – 4. plairait – 5. m'irait – 6. vieillirait

3 1. la raie – 2. un chignon – 3. longs – 4. frange – 5. carré

4 1, 4, 5, 6

5 *(Réponses possibles)* 1. Je ne sais pas trop, mais peut-être en mai. – 2. Je n'en suis pas sûr(e), je crois qu'il est pris. – 3. Il me semble qu'elle l'a rangé dans ce placard. – 4. Je n'ai pas encore décidé, j'hésite entre les deux. – 5. Je ne sais pas trop, je me demande ce qui pourrait m'aller.

6 *(Dialogue possible)*

Vous : Bonjour, monsieur, je viens pour une coupe, mais je ne sais pas ce que je voudrais exactement. J'ai besoin de vos conseils.

Le coiffeur : Je vous conseillerais une coupe très courte, je pense que ça vous irait très bien.

Vous : Vraiment ? Vous êtes sûr ?

Le coiffeur : Ah oui, croyez-moi, ce sera très joli.

Vous : Bon d'accord… mais je ne sais pas trop. *(Quelques minutes plus tard).*

Le coiffeur : Regardez, ça vous va très bien !

Vous : Vous trouvez ? Franchement, je ne suis pas très convaincu(e).

Exercices page 31

1 1. V – 2. F – 3. V – 4. V

2 1. C'est quoi, votre adresse ? – 2. Elle déjeune où, Bénédicte ? – 3. C'est quoi ton numéro de téléphone ? – 4. Tes amis, ils repartent quand ?/Ils repartent quand, tes amis ? – 5. C'est qui, Grégoire ?/Qui c'est, Grégoire ?

3 1. b – 2. a – 3. a – 4. b – 5. b – 6. b

4 *(Réponses possibles)* 1. À vrai dire, je ne sais pas trop. – 2. Je ne sais pas, je n'y connais rien ! – 3. Aucune idée ! – 4. Franchement, je ne sais pas.

5 *(Dialogue possible)*

Vous : Bonjour, je voudrais offrir du parfum à une amie, mais je ne sais pas quoi choisir. Est-ce que vous pourriez me conseiller ?

La vendeuse : Bien sûr ! Elle est comment, votre amie ? Brune ? Blonde ?

Vous : Elle est *(petite et brune / grande et blonde / rousse / plutôt timide / très sportive…)*

La vendeuse : Voilà, je vais vous faire sentir deux parfums qui pourraient lui aller. Qu'en pensez-vous ?

Vous : J'aime bien les deux, je ne sais pas vraiment lequel choisir.

La vendeuse : Eh bien moi, je vous conseille le premier, il est plus délicat. Vous préférez le petit modèle ou le grand modèle ?

Vous : Le petit modèle. Vous pouvez me faire un paquet-cadeau ?

La vendeuse : Bien sûr, madame/monsieur.

Unité 9   Faire des comparaisons

Exercices page 33

1   **1.** F – **2.** V – **3.** F

2   *(Phrases possibles)* **1.** rougir → Quand j'étais jeune, je rougissais très facilement. – **2.** maigrir → Après un régime, il a maigri de 10 kilos. – **3.** pâlir → Quand il a entendu qu'il avait raté son examen, il a pâli. – **4.** grossir → Nous avons trop mangé, ces derniers temps, nous avons grossi. – **5.** vieillir → Ma mère a vieilli, et de plus, cette robe un peu triste la vieillit encore plus.

3   **1.** taille – **2.** va – **3.** démodée – **4.** plaît – **5.** classique

4   *(Réponse possible)* **1.** Le premier pull est plus large que le second, mais il est un peu moins cher. Le deuxième pull n'est pas pareil que le premier, il est plus serré et un peu plus cher. – **2.** Les deux premières tenues sont plus habillées que la troisième. La troisième tenue, d'ailleurs, est complètement différente des autres, elle est plus « décontractée », plus « sport ». Les deux costumes sont pareils/identiques, mais les cravates sont différentes. Les deux costumes sont aussi habillés l'un que l'autre, mais la première tenue a une chemise en plus.

5   *(Dialogue possible)*

Vous : Je voudrais essayer ce pantalon, s'il vous plaît.

La vendeuse : Oui, madame/monsieur. Quelle taille faites-vous ?

Vous : Du... *(36, 38, 40 etc.)*

La vendeuse : Le voilà, dans votre taille. *(Quelques minutes plus tard.)* Alors, ça va ?

Vous : Non, ça ne va pas, il est trop petit. Il me serre.

La vendeuse : Je vais vous apporter un autre modèle qui, à mon avis, vous ira mieux. Le voici.

Vous : Effectivement, il me va mieux. Il fait combien ?

La vendeuse : Il est à 85 euros. Il est un peu plus cher que le premier, qui est à 70 euros.

Vous : Bon, je vais le prendre quand même.

Exercices page 35

1   **1.** V – **2.** V – **3.** V – **4.** V – **5.** F

2   *(Réponse possible)* Le premier voyage est plus long que le deuxième, 15 jours au lieu de 8. Les deux voyages ont un itinéraire identique et permettent de visiter les mêmes villes (Venise, Rome, Florence). Moins de repas sont compris dans le deuxième voyage, seulement les dîners. Les hôtels du premier voyage sont de meilleure qualité que ceux du deuxième voyage, 4 étoiles au lieu de 3. Il y a davantage de dates de départ possibles pour le premier voyage que pour le deuxième.

3 *(Réponses possibles)*
Sur le toit de la deuxième maison, on remarque une cheminée de moins et une fenêtre de plus. Les deux maisons ont autant de fenêtres l'une que l'autre au rez-de-chaussée, mais l'une des fenêtres est plus grande que l'autre dans la première maison. La deuxième maison a un garage de plus que la première. Ces garages se trouvent à droite de la maison, alors que la première maison a un garage à gauche. La première maison a une petite fontaine à droite de son jardin, alors que la deuxième a une plus grande fontaine à gauche. Dans le jardin de la première maison, il y a un « nain de jardin » tandis que dans l'autre, on voit un chien qui court.

4 *(Dialogue possible)*
Vous : Vous pouvez m'expliquer la différence entre ceux deux dictionnaires ?
Le libraire : Le premier est plus petit que le second, comme vous le voyez, il contient moins de mots, 20 000 au lieu de 40 000. C'est un plus petit format, qui est aussi beaucoup moins cher que l'autre. Le deuxième contient plus de rubriques, en particulier la phonétique, et davantage de synonymes et de contraires. Bien sûr, il est plus cher, mais il est aussi de meilleure qualité que le premier.

Bilan n° 1

Exercices page 36

1 a : 2, 3, 5, 7, 10 ; b : 1, 4, 6, 8, 9

2 1. réglez, payez – 2. plaît, va – 3. connais – 4. remboursable, échangeable – 5. retirer – 6. donne, mets – 7. bien – 8. de caisse – 9. rajeunit, vieillit, va – 10. mieux

3 *(Réponses possibles)* 1. Dans une boutique, quand on vous demande la somme que vous voulez dépenser pour un achat. – 2. Dans une agence immobilière, par exemple. – 3. Au marché, vous demandez le prix des cerises, des fraises, des pommes, des carottes… – 4. Au marché, vous demandez le prix d'un seul article. – 5. À la fin de la transaction, on vous demande de quelle manière vous allez payer. – 6. Au marché, vous demandez quel est le total de vos achats. – 7. Au marché aux puces, par exemple, après avoir marchandé, le vendeur vous propose un prix. – 8. L'employé de banque ou d'assurance vous propose un meilleur prix que vous ne pensiez. – 9. À la gare, à l'aéroport, vous essayez de vous faire rembourser des billets. – 10. Un commerçant vous donne le prix approximatif que vous devrez payer.

Exercices page 37

4 1. remettre/reporter – **2.** Vous en aurez pour – **3.** n'est pas donné / est hors de prix – **4.** Je mangerais bien – **5.** Il me faudrait – **6.** Vous voulez mettre combien ? – **7.** J'en aurai pour une semaine. – **8.** Vous croyez ? – **9.** davantage – **10.** réglez

5 *(Réponses possibles)* **1.** Non, désolé, c'est complet. – **2.** Je vous les fais à 20 euros ! – **3.** Il est en 140 cm – **4.** À point, s'il vous plaît. – **5.** Oui, vous avez le ticket de caisse ? – **6.** Oui, c'était très bon ! – **7.** Caramel et chocolat, s'il vous plaît. – **8.** En liquide. – **9.** Vous en aurez pour 250 euros environ. – **10.** Oui, il me faudrait aussi du brie, s'il vous plaît.

Unité 10   Renseigner ou se renseigner

Exercices page 39

1 1. F – **2.** V – **3.** V

2 1. si je peux… – **2.** ce que tu as décidé – **3.** s'il existe… – **4.** où nous pouvons… – **5.** ce qu'elle a pris.

3 1. renseigner – **2.** Adressez-vous – **3.** l'accueil – **4.** me renseigner – **5.** Est-ce que je peux – **6.** un dépliant/un papier

4 1. b – **2.** b – **3.** b – **4.** a – **5.** b – **6.** a

5 *(Réponses possibles)* Dans quelle(s) ville(s) est-ce qu'il existe des cours intensifs ? – Les stages intensifs durent combien de temps ? – Combien y a-t-il de participants aux cours ? – Quel est le niveau des participants / Comment évaluez-vous le niveau des participants ? – Combien d'heures de cours y a-t-il par jour ? – Quel matériel est-ce que vous utilisez ? – Est-ce que vous organisez des sorties culturelles, touristiques / Est-ce qu'on peut participer à des activités culturelles, sportives ? – Quels sont vos tarifs ? – Est-ce qu'on peut s'inscrire en ligne / sur Internet ?

Unité 11   Localiser

Exercices page 41

1 1. V – **2.** F – **3.** F – **4.** F

2 *(Réponse possible)* La cliente passe devant un rayon qui se trouve à sa droite. La cliente porte un panier au bras gauche, dans lequel se trouvent les produits qu'elle a choisis. Sur le rayon sont placés d'autres produits, les uns à côté des autres et les uns au-dessus des autres. À l'arrière-plan, on aperçoit la caisse, avec un client qui fait face à la caissière. Celle-ci se trouve derrière la caisse, bien entendu.

3 1. b – **2.** b – **3.** a – **4.** a – **5.** a

4 1. fait – **2.** mis – **3.** trouver – **4.** cherche – **5.** est/se trouve – **6.** trouve

5 *(Dialogue possible)*
Vous : Pardon, monsieur, où se trouvent les produits de nettoyage ?
L'employé : Ils sont au fond du magasin / Vous les trouverez au fond du magasin.
Vous : Je ne vois pas où sont les aliments pour animaux.
L'employé : Ils ont là-bas, derrière les produits ménagers, justement.

Exercices page 43

1 **1.** suivre – **2.** les quais – **3.** direct – **4.** passe

2 *(Réponses possibles)* **1.** Dans quelle direction est-ce que je dois prendre la route ? – **2.** Par quelle ville est-ce que ce train passe ? – **3.** De quelle manière est-ce que je peux aller à Amsterdam ? – **4.** À quelle station est-ce que je dois changer ? – **5.** À côté de quel bâtiment se trouve le restaurant ? – **6.** Le long de quel fleuve passe l'autoroute ?

3 **1.** longes, traverses – **2.** la deuxième à gauche, la rue Jean-Moulin – **3.** tout droit, dans la même direction. – **4.** prends, suis – **5.** à droite, juste après la banque, sur le même trottoir, loin d'ici. – **6.** un restaurant, un arrêt de bus.

4 *(Réponses possibles)* **1.** Est-ce que le musée est de ce côté du fleuve ? – **2.** Par où est-ce que je peux passer ? – **3.** Est-ce que je reste sur ce quai ? – **4.** Vous savez où se trouve la rue George-Sand ? – **5.** Est-ce que le bus passe par ici ?

(Pas de corrigé pour le n° 5)

Unité 12   Parler des lieux

Exercices page 45

1 **1.** V – **2.** V – **3.** V

2 **1.** sache – **2.** dit, dise – **3.** soit – **4.** veuille – **5.** a

3 **1.** propriétaire – **2.** loyer – **3.** état, travaux – **4.** donne – **5.** chauffage

4 **1.** Quelle surface fait l'appartement ? – **2.** Comment est-ce que la maison est chauffée ? – **3.** Le loyer est de combien ? – **4.** Les charges sont-elles comprises dans le prix ? – **5.** Sur quoi donne l'appartement ?

5 *(Questions et réponses possibles)*
1. Quelle est la surface de l'appartement ? / L'appartement fait quelle surface ? — Il fait 64 m². – **2.** Il est en bon état ? / Il est dans quel état ? / Il y a des travaux à prévoir ? — Il est en parfait état... mais il faudra tout de même le repeindre ! – **3.** Il est situé dans quel quartier ? — Il est situé dans un quartier calme, mais pas loin des commerces – **4.** Il est à quel étage ? — Il est au 3e. – **5.** Il donne sur quoi / Est-ce qu'il y a un vis-à-vis ? — Il donne sur la rue, qui est très calme. **6.** – Le loyer est de combien ? — 987 euros, charges comprises. – **7.** Il est chauffé comment ? — C'est un chauffage électrique individuel. – **8.** Comment est-ce qu'il est orienté ? Au nord, au sud, à l'est, à l'ouest ? — Il est orienté à l'est. – **9.** Il est moderne ou ancien ? — Il est moderne, il a été construit en 2007.

Exercices page 47

1 1. V – **2.** V – **3.** F – **4.** F

2 1. vaut/vaudra – **2.** valait – **3.** vaut – **4.** aurait valu – **5.** vaut/vaudrait/ vaudra

3 1. champs – **2.** vignobles /vignes – **3.** plate, plaine – **4.** vallonnée, collines, rivières

4 *(Réponses possibles)* **1.** Est-ce que ce château mérite le déplacement ? – **2.** C'est loin de Paris / C'est à quelle distance de Paris ? – **3.** Où se trouve le Mont-Saint-Michel ? – **4.** C'est loin d'ici ? – **5.** Est-ce que cette ville vaut la visite ? / Est-ce qu'il y a beaucoup de choses à voir ? – **6.** Qu'est-ce qu'il y a d'intéressant à voir ?

(Pas de corrigé pour le n° 5)

Exercices page 49

1 1. V – **2.** V – **3.** V – **4.** F

2 1. *rien* – **2.** des, la – **3.** *rien* – **4.** *rien* – **5.** la, *rien* – **6.** la

3 1. la poule – **2.** la brebis – **3.** le coq – **4.** l'ours – **5.** le mouton – **6.** le poulet – **7.** le sanglier !

4 *(Réponses possibles)* **1.** Elle est à une trentaine de kilomètres d'ici. – **2.** Oui, vous trouverez plusieurs GR dans la région. – **3.** Il faut passer par cette petite route. – **4.** Non, je ne vous conseille pas de dormir à la belle étoile par ici ! – **5.** Oui, il existe différentes fermes-auberges, qui sont excellentes.

(Pas de corrigé pour le n° 5.)

Unité 13   Prendre ou résilier un contrat

Exercices page 51

1 1. V – **2.** F – **3.** V – **4.** V – **5.** F

2 1. moins – **2.** mêmes – **3.** moins – **4.** moins – **5.** aussi

3 1. opérateur – **2.** mise – **3.** illimité – **4.** fixe, portables/mobiles – **5.** formule, illimités, forfait – **6.** contrat

4 1. a, b – **2.** b – **3.** a, c – **4.** b

Exercices page 53

1 1. F – **2.** V – **3.** F – **4.** F – **5.** V

2 1. louerons – **2.** reviens – **3.** vais m'en aller – **4.** partons – **5.** déménagerons – **6.** allons prévenir – **7.** remboursera

3 1. le bail – **2.** le préavis – **3.** résilie – **4.** l'état des lieux, état – **5.** la caution

4 a : 3, 4, 7 – **b** : 1, 5, 8 – **c** : 2, 6

(Pas de corrigé pour le n° 5.)

Unité 14 **Parler du fonctionnement**

Exercices page 55

1 **1.** F – **2.** V – **3.** V – **4.** F

2 **1.** de, de – **2.** à, d' – **3.** à, à – **4.** à – **5.** à

3 **1.** version, sous-titrée – **2.** spectateurs – **3.** la queue – **4.** billets – **5.** doublé

4 **1.** a – **2.** a – **3.** b – **5.** b

(Pas de corrigé pour le n° 5.)

Exercices page 57

1 **1.** V – **2.** F – **3.** F – **4.** V – **5.** V

2 *(Réponses possibles)* **1.** Cela vous sert à prouver que vous habitez bien ici. – **2.** Ça vous permet d'accéder à toutes nos activités. – **3.** Cela provoque une grande inquiétude. – **4.** Je termine ça et je viens ! – **5.** Ça vous donne accès à tous les services proposés.

3 **1.** V – **2.** F – **3.** V – **4.** V – **5.** F – **6.** V

4 *(Réponses possibles)* **1.** Est-ce qu'il y a des transports en commun pour aller au stade ? – **2.** Comment est-ce qu'on peut prendre les transports en commun ? – **3.** Cette carte me donne accès aussi bien aux bus qu'aux trams ? – **4.** Est-ce que je peux aller en banlieue, avec cette carte ? – **5.** Avec ce forfait hebdomadaire, est-ce que je peux aller à la gare ?

(Pas de corrigé pour le n° 5.)

Unité 15 **Expliquer un vol, un accident**

Exercices page 59

1 **1.** F – **2.** F – **3.** F – **4.** F – **5.** V

2 **1.** Je me suis fait voler mon téléphone par un jeune homme. – **2.** Mes voisins se sont fait cambrioler. – **3.** Il s'est fait insulter quand… – **4.** Elle ne s'est jamais fait agresser… – **5.** Nous nous sommes fait critiquer par la presse.

3 **1.** voler – **2.** s'est passé – **3.** faire – **4.** le voleur, l'agresseur – **5.** porté, déposé

4 *(Réponses possibles)* **1.** On m'a volé mon sac à main ! – **2.** Ça s'est passé dans le métro, en fin d'après-midi, vers 18 heures 45. – **3.** Non, j'étais en train de monter dans le métro, je ne faisais pas attention. – **4.** Je ne l'ai vu que de dos, il a agi très vite. – **5.** Il s'est enfui vers la sortie, en courant à toute vitesse. – **6.** J'avais tout mes papiers (mon permis de conduire, ma carte d'identité), mon portefeuille, un porte-monnaie, une carte bancaire, mes clés…

Exercices page 61

1 1. léger – **2.** responsable – **3.** était arrêtée – **4.** à l'arrière – **5.** accepte

2 1. Le camion a été heurté par l'autobus. – **2.** Ces soins étaient remboursés par mon assurance. – **3.** Les bagages qu'on avait égarés ont été retrouvés. – **4.** Le client sera prévenu par la secrétaire de la date de livraison. – **5.** La voiture ne pourra pas être réparée.

3 1. déclarer – **2.** racontez/dites, s'est passé – **3.** heurté – **4.** avons fait/avons établi – **5.** endommagé – **6.** ouvrir

4 a : 1, 3, 5, 6, 7, 10   b : 2, 4, 8, 9

5 (Réponse possible) Le premier véhicule était à l'arrêt quand le second l'a percuté à l'arrière. Il n'y a pas eu de blessés. La première voiture, de luxe, n'a pas été endommagée. En revanche, la seconde, qui était une vieille voiture, a tout l'avant enfoncé. Nous avons établi un constat, car les deux conducteurs n'arrivaient pas à se mettre d'accord.

Unité 16   Parler de sa santé

Exercices page 63

1 1. F – **2.** V – **3.** V – **4.** F – **5.** F – **6.** F

2 1. On se peigne les cheveux. – **2.** Ça sert à se laver les dents – **3.** On s'est cassé le bras. – **4.** On va se laver les mains. – **5.** Ça sert à se laver les cheveux.

3 1. un sirop – **2.** un pansement – **3.** comprimés – **4.** pastilles – **5.** de la pommade

4 (Réponses possibles) 1. Je suis tombé en jouant au tennis. – **2.** En essayant de porter un carton trop lourd. – **3.** Oui, je me suis fait assez mal. – **4.** Non, ça ne fait pas trop mal. – **5.** Un sirop, ce sera peut-être plus efficace.

5 (Réponse possible) Cette dame a visiblement très mal à la tête. Elle doit aller chez le médecin ou tout simplement chez le pharmacien, pour acheter de l'aspirine. Elle doit peut-être aussi se reposer et prendre des vacances !

Exercices page 65

1 1. de la fièvre, la grippe – **2.** pose des questions, l'examine, prend sa tension – **3.** a mal au dos, est fatiguée – **4.** pose des questions, donne des conseils

2 1. Occupons-nous de ce problème ! – **2.** Assieds-toi... – **3.** Rhabillez-vous ! – **4.** Ne te sers pas de... – **5.** Ne vous promenez pas... – **6.** Installez-vous...

3 a : 1, 3, 4, 6   b : 2, 5, 7, 8

4 (Dialogue possible)
La patiente : Je suis très fatiguée en ce moment, je n'arrive pas à me lever le matin, j'ai mauvaise mine, je ne sais plus quoi faire.

Le médecin : Vous fumez ?

La patiente : Oui, mais pas beaucoup…

Le médecin : Vous faites du sport ?

La patiente : Euh non, je n'ai pas le temps, j'ai énormément de travail en ce moment, je suis assez stressée !

Le médecin : Eh bien, vous allez trouver le temps d'en faire, c'est essentiel pour votre santé. Vous pouvez faire un peu de jogging ou aller à la piscine. Reposez-vous pendant le week-end et surtout il va falloir arrêter de fumer. Cela va vous aider à vous remettre sur pied.

5 *(Réponse possible)* Voilà, j'ai de gros problèmes de sommeil, je n'arrive pas à m'endormir le soir. J'ai énormément de travail en ce moment, et je finis tard le soir. Quand je me couche, impossible de dormir ! Le lendemain, je suis complètement épuisé(e), c'est un cercle vicieux.

Unité 17   À l'université

Exercices page 67

1 1. V – 2. V – 3. V – 4. F

2 *(Réponses possibles)* 1. En fait, je suis en train de m'y inscrire. – 2. Justement, je passe tous mes examens cette semaine. – 3. Je suis sur le point de terminer le dernier chapitre ! – 4. Oui, je m'en vais tout de suite. – 5. Je suis sur le point de partir en Italie.

3 1. Le M1 – 2. Le restau-U. – 3. La fac – 4. La bibliothèque (universitaire) = la B.U. – 5. Les débouchés – 6. Le dossier (administratif, scolaire, universitaire…)

4 *(Réponses possibles)* 1. Tu fais des études de quoi ? – 2. Tu es en quelle année ? – 3. Il n'y a pas de débouchés, en histoire de l'art ! – 4. Tu vas faire une grande école ? – 5. Tu es déjà inscrit(e) ? – 6. Tu en es où de tes examens ?

(Pas de corrigé pour le n° 5.)

Exercices page 69

1 1. V – 2. F – 3. F – 4. V

2 1. fassent – 2. apparteniez à / fassiez partie d'un – 3. fasse/établisse – 4. cerniez/délimitiez/présentiez – 5. rendent/remettent – 6. montre/ soumette

3 1. la bibliographie – 2. une ébauche – 3. un groupe de recherche – 4. plagier, un plagiat – 5. un plan – 6. un mémoire

4 *(Réponses possibles)* 1. Je travaille sur l'archéologie romaine. – 2. J'ai déjà commencé à faire des recherches en bibliothèque. – 3. Oui, d'ailleurs, je suis en train d'établir ma bibliographie. – 4. Je suis en train d'y réfléchir. – 5. Je pense que je pourrai vous donner une première ébauche d'ici la fin du mois. – 6. Je lui demande des conseils et je lui montre l'état d'avancement de mon travail.

(Pas de corrigé pour le n° 5.)

Bilan n° 2

Exercices page 70

1 1. l'accueil – **2.** se renseigner – **3.** Qu'est-ce que j'ai fait de – **4.** obtenir une/bénéficier d'une – **5.** Je me suis fait voler – **6.** Je souffre du dos – **7.** il est possible de – **8.** sommes à la recherche d'une – **9.** longez – **10.** donne

2 1. en parlant d'un appareil, d'une machine, ou alors pour se faire expliquer un système (administratif, par exemple). – **2.** Quand on cherche son billet de train/avion/spectacle. – **3.** Quand on va demander des informations à quelqu'un d'autre. – **4.** C'est ce que dit l'employé d'un opérateur téléphonique, d'un club de gym, d'un centre de thalassothérapie. – **5.** C'est une autre manière de dire « où est-ce que tu as mis… », donc, quand une personne demande à l'autre où se trouve un objet. – **6.** Il s'agit d'un bus. – **7.** On parle d'un appartement ou d'une maison. – **8.** C'est la question posée par un opérateur téléphonique à propos d'une ligne de téléphone fixe. – **9.** C'est ce que dit le/la locataire à son propriétaire, lorsqu'il/elle souhaite quitter le logement. – **10.** C'est la démarche à faire la banque quand on s'est fait voler sa carte bancaire. Il s'agit d'annuler immédiatement la carte.

3 *(Réponses possibles)* **1.** Oui, ça me fait très mal / Non, ça ne me fait pas trop mal. – **2.** Oui, s'il vous plaît, je voudrais savoir quelles formules vous proposez. – **3.** Je suis tombé(e) en faisant du ski. – **4.** Je fais des études d'allemand et d'espagnol. – **5.** Ça s'est passé dans ma rue, vers 23 heures. – **6.** En jouant dans le jardin avec mes enfants ! – **7.** Eh bien, je viens vous voir parce que j'attrape tout le temps des rhumes. – **8.** C'est à une dizaine de kilomètres d'ici. – **9.** Vers minuit, je pense. – **10.** Je suis en 4ᵉ année de médecine.

Exercices page 71

4 *(Réponses possibles)* **1.** Bonjour, madame/monsieur, je voudrais avoir des renseignements sur votre club, s'il vous plaît. – **2.** Pardon madame/monsieur, par où est-ce que je dois passer pour aller à la gare ? – **3.** Comment ça marche ? – **4.** Ça va, madame/monsieur ? Vous vous êtes fait mal ? – **5.** Vous faites des études de quoi ? – **6.** Il me faut un mobile et j'aimerais connaître les formules que vous proposez. – **7.** Qu'est-ce qu'il y a à voir, à faire, dans cette région ? – **8.** Comment est-ce que je fais pour m'inscrire ? Comment marchent les inscriptions ? – **9.** Je voulais vous avertir que j'allais quitter l'appartement, je vais déménager. Je vous donne donc mon préavis. – **10.** Le loyer est de combien ?

5 *(Réponses possibles)* **1.** J'avais tous mes papiers, ma carte bancaire et de l'argent liquide. – **2.** Ça veut dire le prix de quelque chose. – **3.** Vous pouvez vous renseigner à l'accueil. – **4.** Passez par là, c'est le plus court. – **5.** Pour résilier sans frais, vous devez attendre un an. Sinon, vous pouvez résilier n'importe quand, mais il y aura des frais. – **6.** J'ai mal dans le bas du dos.

Unité 18   Téléphoner

1   1. c – **2.** a – **3.** d – **4.** e – **5.** b

2   1. Nous aurions dû le contacter. – **2.** Elle pourrait en acheter… – **3.** J'ai voulu y aller… – **4.** Tu ne pourras pas les voir ? – **5.** Nous allons leur demander.

3   1. b, c – **2.** b – **3.** b, c – **4.** a – **5.** c

4   1. je voudrais parler – **2.** Pardon, qui demandez-vous ? – **3.** Vous pouvez épeler ? – **4.** vous voulez laisser un message ? – **5.** vous pouvez lui demander de me rappeler ? – **6.** coordonnées

5   *(Dialogue possible)*
Vous : Bonjour, je voudrais parler à madame Demeung, s'il vous plaît. / Est-ce que pourrais parler à madame Demeung, s'il vous plaît ?
La standardiste : Madame qui ? Vous pouvez épeler le nom ?
Vous : D-e-m-e-u-n-g.
La standardiste : Un instant, je vous la passe. Je suis désolée, son poste est occupé. Vous patientez ou vous voulez laisser un message ?
Vous : Je préfère laisser un message. Est-ce que vous pouvez demander à Madame Demeung de me rappeler avant 15 heures. Je vous laisse mes coordonnées : mon numéro de portable est le…

Exercices page 75

1   1. F – **2.** V – **3.** F

2   1. Je la leur ai donnée. – **2.** Il ne me l'a pas expliquée. – **3.** Elle nous/m'en parle. – **4.** Ils me les ont rendues. – **5.** Je ne vous les enverrai pas.

3   1. J'ai fait une faute de frappe. – **2.** Je confonds toujours Julie et Julia. – **3.** Je me suis trompée dans mes calculs. – **4.** J'ai fait un lapsus. – **5.** J'ai fait une bêtise !

4   1. Je voudrais parler à… / Est-ce que X. est là / Pourrais-je parler à… ? – **2.** Un instant / Ne quittez pas, s'il vous plaît. – **3.** Je suis bien au 01… / C'est bien le 01… ? – **4.** Excusez-moi, je me suis trompé(e) de numéro. – **6.** Vous avez fait erreur/Vous vous êtes trompé(e) de numéro.

5   *(Réponses possibles)* 1. de la part de Claire Miquel. – **2.** Oh excusez-moi, je me suis trompé(e). – **3.** Non, merci, je la rappellerai plus tard. – **4.** Non, je vous les donne : mon numéro de portable est le 06… – **5.** D'accord, je le lui dirai.

6   *(Dialogue possible)*
Vous : Allô, David ?
La personne : Ah, il n'y a pas de David, ici, vous vous êtes trompé(e).
Vous : Mais c'est bien le 06 08… ?
La personne : Non, vous avez fait un faux numéro.
Vous : Oh, excusez-moi de vous avoir dérangé(e) !

Unité 19   Les rendez-vous

Exercices page 77

1   **1.** V – **2.** F – **3.** V – **4.** V

2   *(Réponses possibles)* **1.** Cela fait plusieurs jours que je ne les ai pas vus. – **2.** Ça fait une semaine que je n'ai pas écrit… / Je n'ai pas écrit de texte en français depuis une semaine. – **3.** Ça fait plusieurs semaines que je ne suis pas allé(e) au cinéma. – **4.** Non, ça ne fait pas longtemps ! – **5.** Je n'ai pas rejoint quelqu'un au restaurant depuis deux mois.

3   **1.** d – **2.** c – **3.** e – **4.** a – **5.** b

4   *(Réponses possibles)* **1.** Tu pourrais passer me prendre / venir me chercher ? – **2.** On se retrouve où ? – **3.** On se retrouve à quelle heure ? – **4.** Quel jour te conviendrait ? – **5.** On se retrouve d'abord chez toi ? – **6.** Tu ne veux/voudrais pas déjeuner avec moi, un de ces jours ?

5   *(Dialogue possible)*
Vous : Dis-moi, ce serait bien de déjeuner ensemble un de ces jours.
Votre ami(e) : Oui, avec plaisir. Mais quand ? Cette semaine, je suis pris(e) tous les jours. La semaine prochaine, je peux mardi ou vendredi.
Vous : Pour moi, ni mardi ni vendredi ne marchent ! La semaine suivante, lundi, ça t'irait ?
Votre ami(e) : Oui, lundi, mais pas avant 13 heures, parce que j'ai une réunion avant.
Vous : D'accord pour lundi à 13 h.

Exercices page 79

1   **1.** remettre – **2.** en voyage – **3.** en retard – **4.** recontactera

2   **1.** Il est important de respecter… – **2.** Il serait poli de prévenir… – **3.** C'est embêtant de* remettre… – **4.** Ce serait utile d'*organiser… – **5.** Il sera obligatoire de demander…

3   **1.** un empêchement. – **2.** est en déplacement – **3.** libre(s) – **4.** retardé – **5.** annuler

4   *(Réponses possibles)*
1. Allô, bonjour, c'est Claire. Dis-moi, samedi soir, on se retrouve où et à quelle heure ? — Eh bien, devant le cinéma vers sept heures et demie, ça te va ? – **2.** Allô, bonjour, je voudrais un rendez-vous avec le dentiste, le plus tôt possible, c'est urgent ! Est-ce qu'il y aurait une possibilité demain matin ? – **3.** Allô, bonjour, j'ai rendez-vous samedi avec Sébastien pour une coupe, mais je ne pourrai pas venir. Est-ce que je pourrais reporter ce rendez-vous à mardi, à n'importe quelle heure ? – **4.** Allô, docteur, je voulais juste vous prévenir que j'allais être en retard. Je suis bloqué(e) sur la route, dans les embouteillages. J'arrive dès que possible, mais pas avant une demi-heure. Je suis vraiment désolé(e). – **5.** Allô, bonjour, j'avais rendez-vous mardi prochain, mais je suis obligé(e) d'annuler, je suis vraiment désolé(e), j'ai un empêchement important. Je vous rappellerai dès que possible pour reprendre rendez-vous.

5 *(Dialogue possible)*

Vous : Allô, bonjour, je suis désolé(e), j'ai un empêchement pour le rendez-vous que j'avais jeudi à 16 heures. Est-ce que je pourrais changer pour vendredi à la même heure ?

La secrétaire : Non, je suis désolée, c'est déjà complet. Je peux vous proposer lundi à 10 heures, si vous voulez.

Vous : Non, lundi, à cette heure-là, je suis au bureau. Est-ce que ce serait possible en fin de journée ?

La secrétaire : Lundi à 18h30 ?

Vous : Ah oui, c'est très bien, merci beaucoup.

Unité 20   Demander de faire quelque chose

Exercices page 81

1   **1.** V – **2.** F

2   **1.** Il doit avoir pris l'avion… – **2.** Ça doit l'embêter. – **3.** Ils doivent avoir vu… – **4.** Elle doit s'être perdue. – **5.** Ils ne doivent pas connaître le chemin.

3   **1.** clous, marteau – **2.** ce tableau – **3.** cassé – **4.** un pinceau – **5.** L'ampoule

4   **1.** b – **2.** b – **3.** a – **4.** a – **5.** a – **6.** b

5   *(Réponses possibles)*

Chéri(e), tu pourrais accompagner les enfants à l'école ? Je crois qu'il faut aussi laver la voiture, elle est toute sale. Est-ce que tu peux passer à la pharmacie, on n'a plus d'aspirine. Ça ne t'embêterait* pas de faire les courses pour le dîner ? Je n'aurai pas de temps de les faire. Et puis, il ne faudra pas oublier de prévenir les voisins que nous organisons une fête samedi soir.

Exercices page 83

1   **1.** V – **2.** F *(il n'est que fêlé)* – **3.** F

2   **1.** la mienne, la sienne – **2.** la leur – **3.** les tiennes – **4.** la nôtre – **5.** les miens – **6.** le vôtre

3   **1.** un voyant – **2.** le clignotant – **3.** le pneu – **4.** l'ampoule – **5.** les stops – **6.** le rétroviseur.

4   2, 4, 6

5   *(Réponses possibles)* **1.** Je crois qu'il faudrait acheter du lait. / Tu ne voudrais pas aller acheter du lait ? – **2.** Est-ce que vous pouvez réexpliquer le théorème, je n'ai pas compris ! – **3.** Est-ce que vous pourriez trouver une solution à ce problème technique ? – **4.** Est-ce que ça t'embêterait* de venir m'aider à faire quelques cartons, le week-end prochain ? – **5.** Vous voulez que je vous aide à porter ce sac ? – **6.** C'est pour offrir, s'il vous plaît ! / Vous pouvez me faire un paquet-cadeau ? – **7.** Ça ne vous ennuierait pas de baisser un peu la musique ?

1   **1.** F – **2.** F – **3.** V – **4.** V

2   **1.** appeliez – **2.** ne pas connaître – **3.** rendre – **4.** fasse – **5.** ouvriez – **6.** inviter – **7.** ne viennent pas

3   **1.** remercie – **2.** la peine – **3.** déranger – **4.** J'aurais – **5.** Ça ne m'ennuie pas – **6.** un service

4   *(Réponses possibles)* **1.** Non merci, ce n'est pas la peine. – **2.** Non pas du tout, vous êtes absent(e) jusqu'à quand ? – **3.** Oui, pour quelques heures, cela ne pose pas de problème / ça ne me gêne pas. – **4.** Je vous en prie ! C'est tout à fait normal. – **5.** Bien sûr, je vous le donne tout de suite. – **6.** Je vous en prie, vous ne me dérangez pas.

5   *(Réponses possibles)* J'ai un petit service à vous demander. Est-ce que cela vous ennuierait de donner à manger à mon chat pendant que je suis absent(e) ? Est-ce que vous pourriez me prêter un marteau ? Ça ne vous embêterait* pas réceptionner un paquet qui va arriver demain matin ? Est-ce que je pourrais vous demander votre aide pour porter ce bureau ? Tout(e) seul(e), je n'y arriverai pas…

Unité 21   Donner des instructions

1   **1.** V – **2.** F – **3.** F – **4.** V

2   **1.** Passe-moi le sel. – **2.** Montre-moi… – **3.** Ne me prends pas… – **4.** Ne me casse pas – **5.** Rends-moi… – **6.** Fais-moi…

3   **1.** (Rex), viens ici ! – **2.** Ça suffit ! – **3.** Au pied ! – **4.** Doucement ! – **5.** Au panier !

4   1, 4, 5, 6, 10

5   *(Réponses possibles)* **1.** Allez, donne-moi la main, on s'en va ! – **2.** Ne pleure pas, mon chéri, ce n'est pas grave ! – **3.** Ne tape pas sur le petit garçon ! Il veut juste jouer avec toi. Ce n'est pas gentil ! – **4.** Attention à la marche, tu vas tomber !

1   **1.** F – **2.** F – **3.** F – **4.** V – **5.** V

2   **1.** auriez – **2.** pourriez/pouvez/pourriez – **3.** faudrait/faudra – **4.** donnerez/donnez – **5.** Donnez/rendez/faites – **6.** Pensez.

3   **1.** confirme, vérifie – **2.** rédiger – **3.** sortir, envoyer – **4.** réunion – **5.** un dossier, de réunion – **6.** photocopies, exemplaires

4   *(Réponses possibles)* **1.** Est-ce que vous pourriez téléphoner à… ? – **2.** Vous n'oublierez pas de me confirmer l'heure de la réunion de vendredi ? – **3.** Pensez à envoyer la facture au client. – **4.** J'aurais besoin de deux photocopies de ce document, s'il vous plaît. – **5.** Vous pourrez me réserver une chambre pour trois jours, du 1er au 4 septembre ? – **6.** Il faudrait que vous vous renseigniez sur les horaires d'avion.

5 *(Réponses possibles)* Est-ce que je peux vous demander quelques services ? Pendant mon absence, est-ce que vous pourriez garder mon courrier ? Ça ne vous ennuierait pas d'arroser mes plantes ? Je voulais aussi vous prévenir qu'un(e) ami(e) viendra s'installer chez moi. Il/elle arrivera samedi matin. Vous pourrez lui donner mes clés ? De toute façon, vous avez mon numéro de portable, n'hésitez pas à m'appeler s'il y a un problème.

Unité 22   Insister

Exercices page 91

1 **1.** F – **2.** V – **3.** V

2 **1.** trop – **2.** assez – **3.** dont – **4.** dont – **5.** trop

3 **1.** a – **2.** b, c – **3.** b – **4.** b – **5.** a, b

4 **a** : 2 (dans une administration, par exemple), 6 (dans une administration, une institution…) – **b** : 1 (à table), 3 (les deux personnes cherchent une boutique, un restaurant…), 5 (il s'agit de relations personnelles) – **c** : 4 (quand un parent interdit quelque chose à un enfant), 7 (un parent refuse qu'un enfant sorte).

5 *(Dialogue possible)*
Votre fille : Maman/Papa, alors, je peux faire le voyage avec Bérénice et Quentin ?
Vous : Non, ma chérie, je t'ai déjà dit non plusieurs fois !
Votre fille : Mais maman/papa, tu connais Bérénice et Quentin, ils sont gentils. Et puis aller en Italie, ce n'est pas dangereux ! Pourquoi est-ce que tu ne veux pas ? Tous les autres copains* partent sans leur parents !
Vous : Je te l'ai déjà expliqué : tu es trop jeune pour partir seule, sans adultes. Il n'en est pas question, n'insiste pas.
Votre fille : Mais je t'assure que je te téléphonerai tous les jours !
Vous : Tu m'écoutes ? J'ai dit « non » : « non », c'est « non », un point c'est tout !

Exercices page 93

1 **1.** renouveler – **2.** à la dernière minute – **3.** à temps

2 **1.** obtiendrions, demandions – **2.** appreniez, auriez – **3.** ne recevait pas, ne pourrait – **4.** s'entendraient, communiquaient – **5.** soutiendrais, étiez

3 b, d, e, a, c

4 *(Réponses possibles)* **1.** Mais monsieur, il faut absolument que je fasse un virement aujourd'hui ! Et votre site Internet ne marche pas ! – **2.** Mais il faut que nous entrions dans le village, nous devons aller chercher notre vieille mère ! – **3.** Quel dommage ! Il est tellement beau, et nous venons de si loin pour le voir ! – **4.** Non, je t'ai déjà dit non, il est inutile d'insister.

– **5.** Et moi, je t'assure que nous ne sommes jamais venus ici ! – **6.** Moi, je trouve qu'il a beaucoup de personnalité au contraire. Je t'assure que son programme est différent de celui des autres !

5 *(Dialogue possible)*

Le mécanicien : Je ne peux pas faire les réparations avant demain, je suis désolé, je suis surchargé.

Vous : Le problème, c'est que j'ai absolument besoin de ma voiture ce soir.

Le mécanicien : J'ai déjà quatre voiture à finir ce soir, je ne peux rien faire pour vous !

Vous : Qu'est-ce que je vais faire, alors ?

Le mécanicien : Je n'en sais rien, mais moi, je ne peux rien faire ce soir.

Vous : Vous savez, je ne plaisante pas, ce serait une catastrophe pour moi. J'ai un rendez-vous professionnel très important, après des mois de chômage. Vous ne pouvez pas imaginer !

Le mécanicien : Bon, écoutez, je vais faire ce que je peux. C'est vraiment pour vous, hein ?

Vous : Merci infiniment, monsieur, je ne sais pas comment vous remercier !

Unité 23   Contester

Exercices page 95

1 **1.** F – **2.** V – **3.** V

2 **1.** C'est moi qui prendrai… – **2.** Ça, c'est… – **3.** Bien sûr que c'est… – **4.** Cette rue, ils la traversent… – **5.** C'est vous qui vous êtes occupé…

3 **1.** le bon de commande – **2.** le service clientèle/le service après-vente – **3.** le livreur – **4.** la référence – **5.** la facture

4 *(Réponses possibles)* **1.** Je ne comprends pas : normalement, ma facture de téléphone tourne autour de 50 euros, et celle que je viens de recevoir fait 250 euros ! Ce n'est pas possible, il doit y avoir une erreur ! – **2.** Qu'est-ce que c'est que ça ? J'avais commandé sept mètres de moquette, pas cinq mètres ! – **3.** Non, monsieur, il y a une erreur, j'ai commandé une sole, pas un steak ! – **4.** Je crois que vous vous êtes trompé(e) de paquets de photos, celles-ci ne sont pas les miennes. – **5.** Regardez, c'est incroyable ! J'ai acheté ce livre ici, samedi dernier, et je viens de me rendre compte qu'il manque dix pages ! – **6.** Excusez-moi, je ne comprends pas très bien. J'ai réservé une chambre « avec vue sur la mer ». Vous pouvez me dire où est la mer ? Ma chambre donne sur une cour triste et grise !

5 *(Dialogue possible)*

Le client : Qu'est-ce que c'est que ça ? Je n'ai jamais commandé tout cela ! Il doit y avoir une erreur !

Le serveur : Mais monsieur, c'est votre numéro de table !

Le client : C'est peut-être mon numéro de table, mais ce n'est pas ma commande. Regardez, j'ai mangé un steak-frites et j'ai bu de l'eau !

Unité 24   Les plaintes

Exercices page 97

1   **1.** V – **2.** F – **3.** V – **4.** F

2   **1.** s'est rendu, a prévenu – **2.** est arrivé, faisait – **3.** a commencé, sommes rentré(e)s – **4.** ne fermaient pas, avons dû

3   *(Réponses possibles)* **1.** Vous êtes sûr(e) ? Si c'est le cas, je vais appeler un plombier. – **2.** Je sais ! J'ai déjà téléphoné plusieurs fois au chauffagiste, qui promet de venir, mais il ne le fait pas ! – **3.** Bon, je vais envoyer quelqu'un, demain sans faute. – **4.** Quel genre de problème est-ce que vous avez ? – **5.** Je sais que c'est urgent, je vais m'en occuper tout de suite.

4   b, c, e, a, d

5   *(Réponse possible).* « Je vous téléphone pour la deuxième fois à propos du chauffe-eau qui n'est toujours pas réparé. Est-ce que vous avez déjà pris des douches froides pendant une semaine ? Je vous rappelle que je paye un loyer pour un appartement avec de l'eau chaude ! Pourriez-vous me rappeler au plus vite et me dire quand cela va enfin être réparé ? »

Exercices page 99

1   **1.** V – **2.** V

2   **1.** alors qu' – **2.** pourtant – **3.** alors que – **4.** cependant – **5.** alors qu'

3   **1.** a – **2.** b – **3.** b – **4.** a – **5.** a

4   *(Réponses possibles)* **1.** Ce n'est pas vrai ! J'engage exprès *(= spécialement)* des professionnels du déménagement, et tout est cassé ! C'est inadmissible ! – **2.** On croit rêver ! Plutôt que de rester sans bouger, vous pourriez m'aider à ramasser ces papiers !

Exercices page 101

1   **1.** F – **2.** F – **3.** V – **4.** F

2   **1.** Il n'est pas sorti à cause de la neige. / Comme il neigeait, il n'est pas sorti. – **2.** Nous n'avons pas dormi à cause du bruit fait par les voisins. / Comme les voisins ont fait du bruit, nous n'avons pas dormi. – **3.** Ils ont obtenu une bourse grâce à leur très bon dossier. / Comme ils avaient un très bon dossier… – **4.** Comme il est propriétaire de sa maison, il… – **5.** Ils ne partent pas en voyage à cause de la grève… – **6.** Il a fait des progrès à l'école, grâce à ses parents qui l'ont aidé / grâce à l'aide de ses parents.

3   **1.** palier – **2.** gardien – **3.** copropriétaires – **4.** règlement, copropriété – **5.** boîtes, l'entrée

4   *(Dialogue possible)*
Vous : Excusez-moi, vous pouvez arrêter immédiatement tout ce bruit ? Il est deux heures du matin, personne ne peut dormir !
Le jeune voisin : Oh, mais on s'amuse, c'est normal à notre âge !
Vous : Oui, c'est normal à votre âge, mais moi, je travaille ! Je dois me

lever à 6 heures du matin. Et vous, à quelle heure vous vous levez ?

Le jeune voisin : Pas avant midi !

Vous : Bien sûr ! Allez, vous arrêtez immédiatement, sinon j'appelle la police. C'est déjà la deuxième fois en un mois.

Bilan n° 3

Exercices page 102

1 *(Réponses possibles)* **1.** De la part de Claire Miquel. – **2.** Non merci, je rappellerai plus tard / Oui, s'il vous plaît. Vous pouvez lui demander de me rappeler ? – **3.** Oui, il/elle a mon numéro / Non, je vous les laisse. – **4.** Oh excusez-moi, j'ai fait une erreur. /Excusez-moi, je me suis trompé(e) de numéro. / Pourtant, c'est bien le 01… ? – **5.** Oui, il/elle peut me rappeler sur mon portable après 15 h. – **6.** Non, vous avez fait erreur. / Oui, c'est bien moi. – **8.** Est-ce que je peux lui laisser un message ? / Tant pis, je le/la rappellerai.

2 *(Réponse possible)* « C'est incroyable ! Les jeunes de maintenant ne respectent plus rien ! Il pourrait tout de même me laisser sa place. De mon temps, ce ne serait pas arrivé. On croit rêver… Il n'y a plus d'éducation ! »

3 *(Réponses possibles)* **1.** Monsieur, laissez-moi entrer juste deux minutes, je viens de si loin ! – **2.** Mais si maman, je t'assure, j'ai vu un éléphant ! – **3.** Allez papa, laisse-moi y aller ! – **4.** Mais j'ai mon billet ! Je vais entrer tout doucement, sans faire de bruit. – **5.** Mais enfin, puisque je vous dis que vous vous êtes trompé ! – **6.** Absolument pas, je t'assure que ce mot existe ! – **7.** Pas du tout, c'est vous qui avez fait erreur !

Exercices page 103

4 **1.** Je crois qu'il y a une erreur sur ma carte bancaire. Mon nom est mal écrit, ce n'est pas Dupont, mais Dupond, avec un d. – **2.** Cela fait deux jours que je n'ai plus d'eau chaude, c'est vraiment désagréable, est-ce que vous pourriez enfin m'envoyer quelqu'un ? – **3.** Il doit y avoir une erreur. J'avais réservé une table pour 8 personnes dans le jardin ! – **4.** Je trouve inadmissible de recevoir pour la troisième fois une facture de téléphone avec une telle erreur ! – **5.** Je voudrais vous signaler que votre chien aboie très souvent dans la journée. Cela commence à devenir pénible. – **6.** Il est tout de même scandaleux de vendre un téléphone mobile aussi cher et de ne même pas garantir la qualité !

5 *(Réponses possibles)* **1.** Ça t'embêterait* de donner à manger à mon chat, le week-end prochain ? *(entre amis)* – **2.** On se retrouve où et à quelle heure ? *(entre amis, entre collègues).* – **3.** Maman/Papa, je peux sortir ce soir avec Zoé ? *(entre parents et jeunes enfants ou adolescents)* – **4.** Je ne vais pas revenir pour la quatrième fois dans cette administration ! *(dans le contexte administratif, bureaucratique)* **5.** Vous pensez arriver dans combien de temps ? *(en attendant un réparateur, par exemple)* – **6.** Vous voulez que je vous aide à porter votre valise ? *(dans la rue, à la gare…)*

– **7.** Non, vous ne pouvez pas obtenir ce document sans nous montrer un certificat de domicile ! *(dans une administration).*

Unité 25   **Tutoyer ou vouvoyer ?**

Exercices page 105

1   **1.** F – **2.** V – **3.** V – **4.** F

2   **1.** se sont téléphoné *(pas d'accord du participe passé)* – **2.** ne s'entendent pas – **3.** se verront, se tutoieront – **4.** nous nous sommes disputé(e)s – **5.** s'aiment – **6.** nous nous sommes parlé *(pas d'accord du participe passé)*

3   **1.** insulté – **2.** d'adresser – **3.** posent – **4.** insulte, injurieux

4   **1.** Bonjour, monsieur, comment allez-vous ? — Très bien, je vous remercie, et vous ? — **2.** Ma chérie, tu as passé une bonne journée à l'école ? — Oui, papa, mais tu sais, j'avais seulement de la gym, cet après-midi. – **3.** Tu as un nouveau téléphone ? — Oui, il est super ! Regarde ce que j'ai fait ! – **4.** Alors, madame, quelle montre est-ce que vous choisissez ? — J'hésite un peu. Vous dites que celle-ci est de meilleure qualité ?

Exercices page 107

1   **1.** F – **2.** F – **3.** V – **4.** V

2   *(Réponses possibles)* **1.** vraiment – **2.** infiniment – **3.** juste – **4.** extrêmement – **5.** nettement – **6.** extrêmement/vraiment

3   **1.** un(e) inconnu(e)/un(e) étranger/étrangère – **2.** la compagne – **3.** la petite copine* / la petite amie – **4.** un nouveau venu – **5.** le petit copain*, le petit ami.

4   *(Réponses possibles)* **1.** On peut se tutoyer ? – **2.** Vous tutoyez votre collègue ? – **3.** Tu t'adresses de la même manière à ta voisine ? – **4.** Tutoyer n'est pas trop familier, dans ce contexte ?

(Pas de corrigé pour le n° 5.)

Unité 26   **Excuser ou s'excuser**

Exercices page 109

1   **1.** F – **2.** F – **3.** V – **4.** V – **5.** V

2   **1.** Non, je n'ai cassé aucun verre. – **2.** Non, elle ne s'est fait aucune tache. – **3.** Non, aucun musée ne vend ses œuvres – **4.** Non, aucun ami ne m'a aidé. – **5.** Non, il n'a consulté aucun autre livre. – **6.** Non, ils n'inviteront aucun voisin.

3   **1.** renverser – **2.** une tache – **3.** bousculé – **4.** marché – **5.** tomber, exprès.

4   *(Réponses possibles)*
1. Quentin : Oh que je suis maladroit ! Je suis désolé !

Les amis : Mais ce n'est pas grave, on nettoiera ça après !

2. Caroline : Regardez ce que j'ai fait ! Je suis vraiment désolée !

Les amis : Ça n'a aucune importance, c'est juste un pot de fleurs, nous en avons d'autres.

3. Béatrice : Oh, pardon, madame, je suis absolument désolée !

La dame : Il n'y a pas de mal…

4. Guillaume : Quel idiot je suis ! J'en ai mis partout ! Ça va faire des taches !

Juliette : Ce n'est rien, ça m'est arrivé à moi aussi. J'ai tout ce qu'il faut pour nettoyer ça, tu vas voir.

5 *(Réponses possibles)* **1.** Oh que je suis maladroite ! Excuse-moi ! — Ce n'est pas grave, c'est juste de l'eau. – **2.** Pardon, madame, je suis désolé, je ne vous avais pas vue ! — Il n'y a pas de mal !

Unité 27   Vérifier, contrôler

Exercices page 111

1 **1.** F – **2.** V – **3.** F – **4.** V – **5.** F – **6.** V

2 **1.** partira – **2.** puisse – **3.** parviendrez – **4.** vaille – **5.** vous vous entendez/ entendrez – **6.** comprenne.

3 *(Réponses possibles)* **1.** tu as pris – **2.** C'est bien – **3.** tu as pensé – **4.** tu n'as pas pris – **5.** tu as pris / tu as éteint

4 *(Réponses possibles)* **1.** Tu as pensé à réserver pour ce soir ? – **2.** Attends, je vérifie que je n'ai pas oublié mon dossier. – **3.** Tu as bien mis tes chaussures de sport dans ton sac ? – **4.** Le cours de tennis est vendredi, c'est ça ? – **5.** Ma chérie, tu as (bien) fait tes devoirs ? – **6.** un instant, je regarde s'il y a du lait dans le réfrigérateur.

Unité 28   Affirmer ou nier

Exercices page 113

1 **1.** V – **2.** V – **3.** F – **4.** V

2 **1.** d'être partis – **2.** de s'être trompée – **3.** s'être rasé – **4.** avoir oublié – **5.** d'avoir réussi à…

3 **1.** ont révélé – **2.** a assuré/certifié/promis – **3.** a assuré/juré – **4.** ont répondu – **5.** a promis

4 *(Réponses possibles)* **1.** Mais oui, j'ai tout vu ! – **2.** Bien sûr que si, j'ai tout de suite appelé la police ! – **3.** Ah ça oui, ils étaient armés ! – **4.** Évidemment, j'ai crié ! – **5.** Oui, bien sûr !

5 *(Réponses possibles)* **1.** Hélas oui ! – **2.** Bien entendu ! – **3.** Ah ça oui ! – **4.** C'est bien vrai ! – **5.** Évidemment ! – **6.** Oui, certainement !

1 1. V – **2.** V

2 1. Non, je n'ai jamais rien acheté… – **2.** Il ne voit plus aucun cousin. – **3.** Ils ne sont plus jamais retournés. – **4.** Non, elle n'invite plus personne… – **5.** Non, je n'ai plus rien changé…

3 *(Réponses possibles)* **1.** Ils refusent de participer… – **2.** affirme/prétend/ assure – **3.** jure – **4.** conteste cette manière… – **5.** Elle prétend qu'elle n'a vu personne / elle nie avoir vu quelqu'un.

4 *(Réponses possibles)* **1.** Non, jamais de la vie ! – **2.** Non, certainement pas. – **3.** Jamais ! – **4.** Non, c'est hors de question ! – **5.** Non, plus du tout !

5 *(Réponses possibles)* **1.** Bien sûr que oui ! – **2.** Si, je fais un peu de sport. – **3.** Non, pas vraiment ! – **4.** Mais oui ! – **5.** Oh que oui ! – **6.** Bien entendu ! – **7.** Non, certainement pas !

Unité 29   Faire des compliments

1 1. V – **2.** F

2 *(Réponses possibles)* **1.** Qu'il est mignon ! – **2.** Qu'est-ce qu'il est beau, ce cheval ! – **3.** Qu'il est adorable ! – **4.** Comme il est drôle ! – **5.** Qu'est-ce qu'il a l'air gentil !

3 *(Réponses possibles)* **1.** C'était magnifique / sublime / merveilleusement bien joué. – **2.** Elle est jolie comme tout. – **3.** Il est grandiose / impressionnant / superbe. – **4.** Cette robe est ravissante ! – **5.** C'est magnifique / spectaculaire ! – **6.** C'est grandiose / sublime / impressionnant.

4 *(Réponses possibles)* 1, 4, 5

5 *(Réponses possibles)* **1.** Il est énorme, ce chien ! Il est splendide, en tout cas. Il est gentil ? – **2.** Ce petit lapin est mignon comme tout, il est vraiment adorable. – **3.** Il est adorable, ce chien, il a l'air gentil comme tout. – **4.** Qu'est-ce qu'il est drôle ! Il parle vraiment ? C'est extraordinaire, je n'avais jamais vu ça !

1 1. F – **2.** V – **3.** F – **4.** V

2 *(Réponses possibles)* **1.** Qu'est-ce qu'il est intelligent ! Il est d'une intelligence ! – **2.** Comme il est original ! – **3.** Que c'est laid ! Comme cette couleur est laide ! – **4.** Cette réponse est d'une bêtise ! – **5.** Elle est d'une créativité extraordinaire ! Qu'est-ce qu'elle est créative !

3 1. montre – **2.** bague – **3.** cravate – **4.** écharpe – **5.** ceinture – **6.** collier, boucles

4 1, 3, 6

5 *(Dialogue possible)*

Vous : Anne, que tu es élégante ! Cette robe te va à merveille. Tu es jolie comme un cœur, en vert.

Anne : Oh merci. Tu sais, c'est juste une petite robe que j'ai trouvée en soldes.

Vous : Et toi, Christian, c'est la première fois que je te vois en costume et en nœud papillon *(le « nœud papillon » est plus rare et plus habillé que la cravate)*

Christian : Oui, ça me change du jean… J'ai mis ce costume en ton honneur.

Vous : En tout cas, ça te va très bien !

Exercices page 121

1 1. V – 2. V

2 1. tout – 2. toutes – 3. toutes les – 4. toutes les – 5. tous les

3 1. a – 2. b, c – 3. a, b – 4. c – 5. b – 6. a, c

4 *(Réponses possibles)* Que c'est joli ! C'est accueillant, confortable… C'est vous qui avez tout arrangé ? Vous avez beaucoup de goût. Ce tapis est très original, il vient d'où ? Et qui a peint le tableau au-dessus de la cheminée ?

Unité 30   Féliciter, consoler

Exercices page 123

1 1. V – 2. F – 3. V – 4. V

2 1. Oui, il l'a toujours été. – 2. Non, nous ne le savions pas. – 3. Je te l'avais bien dit ! – 4. Oui, ils l'ont bien mérité. – 5. Oui, je le crois. – 6. Oui, je le vois !

3 1. saute – 2. tous ses – 3. fier – 4. éprouvent – 5. pour

4 *(Réponses possibles)* 1. Chapeau ! Je suis fier/fière de toi ! Tu as magnifiquement joué ! – 2. Bravo, tu l'as bien mérité, c'est une juste récompense de tes efforts ! – 3. Je te félicite de tout mon cœur ! Je suis vraiment fier/fière de toi. Tu avais tellement travaillé ! – 4. Toutes mes félicitations pour ce magnifique bébé ! Vous devez être très heureux, tous les deux ! – 5. Bravo, tu deviens célèbre !

5 *(Dialogue possible)*

Vous : Je viens d'avoir les résultats de mes examens : j'ai tout réussi ! Ouf !

Un(e) ami(e) : Super* ! Je te félicite ! Qu'est-ce que tu dois être content(e) !

Vous : Oui, parce que je n'étais pas sûr(e) du tout d'avoir réussi. J'étais assez inquiet/inquiète. En fait, tout s'est bien passé.

Un(e) ami(e) : Il va falloir arroser ça.

Vous : Oui, on va faire la fête !

1 1. F – **2.** F – **3.** V

2 1. elle n'en a pas été contente. – **2.** j'en serais très étonné(e). – **3.** Non, je n'en étais pas responsable. – **4.** Ils en seront très déçus. – **5.** J'en suis très ému(e).

3 1. le moral – **2.** plains – **3.** consoler/réconforter – **4.** remonter – **5.** déception

4 *(Réponses possibles)* **1.** Oh vraiment, tu n'as pas de chance ! – **2.** Bravo, je te félicite ! – **3.** Oh là là, tu dois être déçu(e) ! Est-ce que tu vas pouvoir le repasser ? – **4.** Ça, c'est très embêtant* ! Je vous plains ! – **5.** Toutes mes félicitations à votre fille ! – **6.** Qu'est-ce que c'est désagréable ! J'espère que cela sera vite réparé. – **7.** Aïe, ça, c'est dur ! Tu es sûr(e) que tu l'as perdu, et pas seulement égaré ?

5 *(Dialogue possible)*
Elle : Mais qu'est-ce qui t'est arrivé ?
Lui : Je me suis cassé la jambe en faisant du ski.
Elle : Oh mon pauvre, je te plains !
Lui : En plus, ça s'est passé le premier jour de mes vacances…
Elle : Tu n'as pas de chance. Ce n'est pas drôle. J'espère que tu vas te rétablir bien vite.

Unité 31   Bavarder

1 1. F – **2.** V – **3.** V – **4.** F

2 1. On ne s'est pas installés… – **2.** On pourrait le rejoindre. – **3.** Où est-ce qu'on s'assiéra ? – **4.** Pourquoi est-ce qu'on a reçu… – **5.** On file… – **6.** Quand est-ce qu'on se verra ?

3 1. rejoindre, cantine. – **2.** joindre – **3.** rat – **4.** se mettre/s'installer – **5.** s'installe/se met.

4 1. Non, je descends. – **2.** Non, merci, je vous rejoindrai plus tard. – **3.** Bien entendu ! – **4.** On peut se mettre là-bas. – **5.** Au 7ᵉ. – **6.** Non, ne m'attendez pas, je vous rejoindrai plus tard.

5 *(Réponses possibles)* **1.** Bon, je vous laisse, je file, j'ai du travail ! – **2.** Je vais au 4ᵉ. – **3.** Ne m'attendez pas, je vous rejoindrai tout à l'heure. – **4.** Je vous retrouverai directement dans la salle de réunion.

1 1. V – **2.** F – **3.** F – **4.** V

2 1. où – **2.** que, où – **3.** qu' – **4.** où – **5.** que

3 1. poste, licencié, chômage, emploi, embauché

4 *(Réponses possibles)* **1.** Alors, ton travail te plaît ? – **2.** Qu'est-ce que tu deviens ? – **3.** Alors, quoi de neuf, depuis la dernière fois que je t'ai vu(e) ? – **4.** Ça se passe bien, dans ta nouvelle entreprise ? – **5.** Qu'est-ce que tu deviens ?

5 *(Dialogue possible)*
Vous : Tiens, Mathieu, salut, comment vas-tu ? Cela fait un siècle que je ne t'ai pas vu !
Mathieu : Oui, c'est vrai. Alors, qu'est-ce que tu deviens ?
Vous : Eh bien, j'ai quitté l'entreprise dans laquelle je travaillais et juste après, j'ai divorcé.
Mathieu : Ouh, c'est dur, tout cela. Tu as retrouvé du travail ?
Vous : Oui, heureusement, et j'en suis plutôt content(e). Et toi, comment ça va ?
Mathieu : Oh, rien de spécial, pour moi, c'est métro-boulot-dodo. Je suis toujours comptable dans le même cabinet de consultants. Je commence à avoir envie de changer !

Exercices page 131

1 **1.** F – **2.** V – **3.** V – **4.** V

2 **1.** il me sera précieux. – **2.** il ne lui sera pas utile – **3.** il leur était facile… – **4.** il lui est indispensable. – **5.** il ne lui est pas difficile…

3 **1.** la connaissance – **2.** la mémoire – **3.** croisé – **4.** reconnu – **5.** nous reverrons

4 **1.** a – **2.** b – **3.** a – **4.** b – **5.** a – **6.** a

5 *(Réponses possibles)* **1.** Excusez-moi, je n'ai pas bien compris votre prénom. – **2.** Je suis vraiment désolé(e), je n'ai pas la mémoire des noms, je ne me souviens plus du vôtre ! – **3.** Je suis désolé, je ne vous reconnais pas, mais votre visage m'est familier ! – **4.** On s'est déjà vus quelque part, non ? – **5.** Viens, que je te présente à mes collègues.

Bilan n° 4

Exercices page 132

1 *(Réponses possibles)* **1.** Il n'y a pas de mal. – **2.** Vraiment ? – **3.** Pas du tout ! – **4.** Bien entendu ! – **5.** Chapeau ! – **6.** Je te plains ! – **7.** Ce n'est pas grave / Ce n'est rien. – **8.** C'est hors de question ! – **9.** Ça s'arrose* ! – **10.** Tu veux te joindre à nous pour déjeuner ?

2 *(Réponses possibles)* **1.** Eh bien, j'ai changé de travail, récemment. – **2.** Oui, on s'est rencontrés à l'anniversaire de Philippe. – **3.** Je crois qu'on se tutoie ! – **4.** Il n'y a pas de mal ! – **5.** On peut se mettre là-bas, au fond. – **6.** Mais oui, j'y ai pensé ! – **7.** Non, je descends. – **8.** Eh bien, j'ai presque fini mes études.

3 *(Réponses possibles)* **1.** Cette robe te va à merveille ! – **2.** Je me régale, c'est absolument délicieux. – **3.** Qu'est-ce qu'il est mignon/adorable ! – **4.** Il est superbe, ton appartement ! Tu l'as très bien arrangé ! – **5.** C'est

magnifique ! Comme c'est bien présenté ! – **6.** Que ce collier est beau !
– **7.** Mes chéris, votre cadeau est superbe et me fait un très grand plaisir !
– **8.** Il est splendide, ce jardin !

Exercices page 133

4 *(Réponses possibles)* **1.** Je suis vraiment désolé(e) pour toi/vous ! –
2. Bravo, je te/vous félicite ! – **3.** Mais ça n'a aucune importance, il est sans
valeur ! – **4.** Ce n'est pas grave du tout. – **5.** Oh, je suis désolé(e) pour toi/
vous, quelle déception ! – **6.** Mais si, tu vas y arriver, j'en suis sûr(e) ! –
7. Mais oui, on se connaît, mais je ne sais pas comment !

5 *(Réponses possibles)* **1.** Au début d'un spectacle. – **2.** Quand on vérifie
qu'on est dans le bon endroit. – **3.** C'est un compliment sur un vêtement.
– **4.** On peut parler d'un petit animal, d'un petit enfant, d'un petit
appartement… – **5.** Quand on vient de faire une bêtise, par exemple
quand on a cassé quelque chose. – **6.** Quand on vous propose quelque
chose que vous ne voulez absolument pas faire. – **7.** Quand un(e) ami(e)
vient de réussir un examen ou a obtenu une promotion, par exemple.
– **8.** Quand quelqu'un vient de vivre quelque chose de pénible, ou vient
d'avoir un accident. – **9.** Au moment où l'on veut quitter une soirée, une
réunion, des collègues, des amis… – **10.** Ce sont les parents ou les amis qui
félicitent quelqu'un.

6 **1.** b – **2.** a, b – **3.** a, c – **4.** b – **5.** a – **6.** b, c *(la réponse « a » serait vraiment
peu polie !)* – **7.** a, b

Unité 32   Proposer

Exercices page 135

1 **1.** F – **2.** V – **3.** V

2 *(Réponses possibles)* **1.** Nous téléphonons à l'entreprise pour demander…
– **2.** Ils contactent une collègue pour qu'elle / afin qu'elle / histoire*
qu'elle vienne… – **3.** Elle a téléphoné à son grand-père afin de / pour
prendre… – **4.** J'envoie un mail à mon fournisseur afin de / pour le
prévenir… – **5.** Il invite ses voisins, histoire * qu'ils / pour qu'ils / afin qu'ils
se sentent moins seuls.

3 *(Réponses possibles)* **1.** Je propose qu'on ne commence à négocier que la
semaine prochaine. – **2.** Nous pourrions peut-être déjeuner ensemble ?
– **3.** Et si nous décidions dès maintenant d'une nouvelle stratégie ? – **4.** Tu
ne penses pas que je pourrais lui envoyer un courrier de rappel ? – **5.** Et si
on leur téléphonait ?

4 *(Réponses possibles)* **1.** Et si on organisait une réunion avec le client ? –
2. Pourquoi ne pas lui communiquer les informations ? – **3.** Je propose
que Laurent fasse un exposé sur ce sujet. – **4.** Est-ce que vous voulez que
je rassemble tous les documents ? – **5.** On pourrait ajouter les dernières
statistiques que nous venons de recevoir.

Exercices page 137

1 1. F – 2. F

2 1. Non, je n'ai aucune envie de…– 2. Non, ça ne m'embête* pas du tout. – 3. Non, ça ne me dit vraiment rien. – 4. Non, je n'aimerais absolument pas… – 5. Non, pas du tout, ça ne m'ennuierait pas du tout.

3 1. Qu'est-ce que ça veut dire, « sympa » ? – 2. Ce visage te dit quelque chose ? – 3. Ça ne te dirait pas d'aller… ? – 4. Ce nom ne me dit rien. – 5. Ça vous dirait de…

4 (*Réponses possibles*) 1. Oui, avec plaisir ! / Non, franchement, ça ne me dit rien. – 2. Non, pas du tout !/ Si, un petit peu, car j'ai une réunion juste avant. – 3. Oh si, avec grand plaisir ! – 4. J'aimerais bien faire une grande randonnée en forêt. – 5. Oui, ça me plairait beaucoup / Non, ça ne m'intéresse pas trop.

5 (*Réponses possibles*) 1. Alors, pourquoi ne pas voir une comédie ? – 2. Alors, qu'est-ce que tu dirais d'aller prendre un chocolat chaud en ville ? – 3. Dans ce cas, tu n'aurais pas envie de regarder le match de foot ? – 4. Alors, que dirais-tu d'aller au bord de la mer ?

Unité 33   Inviter

Exercices page 139

1 1. V – 2. F – 3. F – 4. V

2 1. aurions voulu – 2. seraient venus – 3. se serait rendue – 4. auraient pu, aurait été – 5. aurais parlé – 6. se serait occupé

3 1, 4,

4 1. d, b, a, c, e – 2. c, f, a, e, d, b ; le premier dialogue est le plus amical.

5 (*Dialogue possible*)
Vous : J'aimerais bien vous inviter à dîner, tous les quatre. Quand est-ce que vous seriez libres ?
Le premier couple : Nous sommes assez pris les deux prochaines semaines, mais après, ce sera plus facile.
Le deuxième couple : Nous, c'est le contraire ! Nous sommes libres la semaine prochaine, mais pas la semaine suivante !
Vous : De mon côté, je pense que le mieux serait le mois prochain. Est-ce que par exemple, le premier samedi de février vous irait, à tous les quatre ?
Le premier couple : Oui, de notre côté, ça va.
Le deuxième couple : Oui, pour nous aussi, mais nous devons vous le confirmer !

Exercices page 141

1 1. Texte 2 – 2. Textes 3 et 4 – 3. Textes 2, 4, 5

2 (*Réponses possibles*) 1. Oui, j'en ai parlé à quelques amis. – 2. Non, je ne dois pas m'en occuper. – **3.** Oui, j'en suis très content(e). – **4.** Non, je m'en plains rarement. – **5.** Oui, je m'en suis servi(e).

3 1. quinze jours. – **2.** dans quelque temps – **3.** sous peu. – **4.** dès/à son retour – **5.** tout de suite

4 1. remettre/repousser – **2.** empêchement – **3.** partie – **4.** libérer – **5.** annuler

5 *(Réponses possibles)* **1.** Salut, c'est Claire. Je fais un petit dîner, samedi soir, ça vous dirait de venir ? Je sais que vous êtes très pris, mais ce sera à la bonne franquette ! – **2.** Bonjour, c'est Paul Lambert, à l'appareil. Je suis vraiment désolé, je vais devoir annuler le dîner que nous avions prévu pour dimanche prochain. J'ai un empêchement, je suis obligé de partir en province. – **3.** Odile ? C'est Anne-Marie ! Dis-moi, si ça ne t'embête* pas, est-ce que nous pouvons remettre notre déjeuner à la semaine prochaine ? – **4.** Léon ? C'est moi ! Ça ne t'embêterait* pas qu'on dîne ensemble dimanche soir, plutôt que mercredi ? Si tu es d'accord, je t'emmène dans un petit restaurant chinois délicieux que j'ai découvert récemment.

Unité 34   Accueillir

Exercices page 143

1 1. F – **2.** F – **3.** V – **4.** F

2 1. servez-vous – **2.** sert – **3.** te sers, me sers – **3.** serve – **4.** me servir, sers-toi.

3 1. V – **2.** F – **3.** F – **4.** V – **5.** F

4 a : 2, 4, 5, 6, 7, 8 **b** : 1, 3

5 *(Dialogue possible)*
L'invitée : Tiens, je t'ai apporté un petit quelque chose. J'espère que tu aimes le chocolat !
L'amie : Que c'est gentil ! Il ne fallait pas ! Mais j'adore le chocolat… Merci beaucoup !
L'invitée : Je t'en prie, ce n'est rien du tout, c'est juste une bricole.

6 *(Dialogue possible)*
Les amis : Voilà, c'est pour toi !
Vous : Oh c'est superbe ! J'adore les fleurs blanches. C'est vraiment gentil à vous.
Les amis : Ce n'est rien, c'est juste un petit bouquet !
Vous : Qu'est-ce que je vous offre ? Un kir ? Un muscat ? Du champagne ?
Un ami : Moi, je prendrais bien un kir.
Un deuxième ami : Je suis désolé, je ne bois pas d'alcool en ce moment.
Vous : Si tu veux, j'ai des jus de fruits : orange ou tomate.
Le deuxième ami : Un jus de tomate, s'il te plaît, ce sera très bien.

1   **1.** V – **2.** F

2   **1.** réussite – **2.** beauté – **3.** régal – **4.** attente – **5.** gourmandise

3   **1.** a – **2.** b – **3.** b – **4.** b – **5.** b

4   *(Réponses possibles)* **1.** Je reprendrais bien du gâteau, il est tellement bon ! – **2.** Tu peux me passer le sucre, s'il te plaît ? – **3.** Servez-vous, faites comme chez vous ! – **4.** Non, pas de café, je te remercie. – **5.** Qu'est-ce que c'est bon ! Je me régale !

5   *(Dialogues possibles)*
1. Tu peux / Vous pouvez me passer le sel, s'il te/vous plaît ? — Oui, bien sûr, le voilà. – **2.** Vous reprendrez bien un peu de gâteau ? — Non merci, c'était très bon, mais ça va comme ça. – **3.** Le garçon : Vous prendrez bien un peu de fromage ? — La femme : Non, merci, ce plateau est magnifique, mais j'ai très bien mangé. — L'homme : Moi, je veux bien, mais c'est de la pure gourmandise !

Exercices page 147

1   **1.** F – **2.** V – **3.** V – **4.** F

2   *(Réponses possibles)* **1.** J'ai mis une jolie petite serviette bleue sur la table. – **2.** Nous avons eu une longue conversation assez intense. – **3.** Ils ont passé une très bonne soirée amicale. – **4.** Elle cherche un beau meuble contemporain. – **5.** Il a goûté un bon kir royal.

3   **1.** rentrer – **2.** se fait – **3.** tarder – **4.** ont passé – **5.** m'inviteront – **6.** en aille

4   Chère Charlotte, cher Maxime, Un grand merci pour la merveilleuse soirée que nous avons passée avec vous samedi. Le dîner était un régal (oh, cette délicieuse blanquette de veau à l'ancienne…), tout comme les vins, la conversation vive et chaleureuse… Nous espérons vous avoir à la maison très bientôt ! Merci encore. Nous vous embrassons.

5   *(Dialogue possible)* « Bon, nous allons devoir rentrer, il commence à être tard / Nous n'allons pas tarder à rentrer. — Oui, je comprends, il est déjà 2 heures du matin… En tout cas, merci d'êtres venus. — Mais c'est nous qui te remercions. Nous avons passé une très bonne soirée ! »

Unité 35   Exprimer la surprise

Exercices page 149

1   **1.** V – **2.** V – **3.** F – **4.** V – **5.** V

2   **1.** Ils se seront perdus. – **2.** Elle aura compris… – **3.** Il ne sera pas revenu… – **4.** Ils seront bloqués… – **5.** Ils ne seront pas arrivés à… – **6.** Elle se sera trompée…

3   **1.** étonnant. – **2.** reviens – **3.** cela m'inquiète – **4.** tracassez* – **5.** stupéfaite

4   *(Réponses possibles)* **1.** C'est incroyable ! – **2.** Non, ce n'est pas vrai ! –

3. Que c'est bizarre, tu as dû avoir peur ! – **4.** Tu plaisantes ? – **5.** Non, ce n'est pas possible ! – **6.** C'est inquiétant ! Qu'est-ce qui se passe ? – **7.** Ça alors !

5 *(Dialogue possible)*
Vous : Tu ne sais pas ce qui m'est arrivé ? L'autre jour, j'ai reçu un mail (= *e-mail*) de quelqu'un que je ne connaissais pas. J'ai même failli le jeter sans le lire. Tu ne sais pas ce que c'était ?
L'ami(e) : Non, raconte !
Vous : Eh bien, c'était une amie d'enfance que j'avais perdue de vue. Comme elle s'est mariée, elle avait changé de nom. Imagine-toi que je ne l'ai pas vue depuis 40 ans !
L'ami(e) : Non, ce n'est pas possible ! Et tu vas la voir ?
Vous : Oui, je vais la voir la semaine prochaine !
L'ami(e) : Ça alors, c'est extraordinaire !

Exercices page 151

1 **1.** V – **2.** V – **3.** V – **4.** F

2 **1.** Il avait entendu – **2.** Ils avaient espéré – **3.** Nous nous étions promis – **4.** Tu t'étais rendu *(pas d'accord du participe passé)* – **5.** Vous ne vous étiez jamais occupé(e)(s)

3 *(Réponses possibles)* **1.** Tu ne sais pas ? – **2.** Quoi ? / Ah bon ? – **4.** Tu plaisantes ! – **5.** Ça alors, je n'en reviens pas !

4 *(Réponses possibles)* **1.** À propos d'une fête d'anniversaire ou de Noël. – **2.** À propos d'une élection, ou alors d'économie. – **3.** À propos d'une amie qui a oublié un anniversaire important ou d'une collègue qui a oublié une réunion. – **4.** Lorsque quelqu'un a joué à la Loterie Nationale, par exemple. – **5.** Un peu d'inquiétude à propos d'amis qui sont sur la route. – **6.** Quand on a rencontré par hasard quelqu'un qu'on n'a pas vu depuis très longtemps.

5 *(Réponses possibles)* **1.** Tu ne sais pas la dernière ? Carine va divorcer, elle qui semblait si heureuse avec Julien ! – **2.** Figure-toi que mon voisin d'en face est le criminel que tout le monde recherche dans la région ! Je n'en reviens pas ! – **3.** Figure-toi que c'est Léa Seydoux elle-même qui m'a expliqué la route ! J'en suis encore stupéfait(e) ! – **4.** Ça alors ! Je n'en reviens pas ! On ne s'était pas vu(e)s depuis dix ans, alors qu'on habite juste à côté !

Unité 36 **Regretter, reprocher**

Exercices page 153

1 **1.** F – **2.** V – **3.** V – **4.** V

2 **1.** je serais revenu(e), j'avais su – **2.** tu t'étais levé(e), tu ne serais pas arrivé(e) – **3.** avait choisi, n'aurait pas fait – **4.** se seraient entendus, ils avaient eu

3 *(Réponses possibles)* **1.** Lorsque quelqu... vient de faire une bêtise. – **2.** Quand vous portez un jugement moral sur une action. – **3.** Quand vous avez fait une maladresse. – **4.** Quand vous avez oublié de faire quelque chose d'assez important. – **5.** Quand vous avez oublié quelque chose de vraiment important. – **6.** Quand vous êtes à la fois surpris et choqué par l'action de quelqu'un.

4 *(Réponses possibles)* **1.** J'aurais mieux fait – **2.** Dire que / Quand je pense que – **3.** Je regrette – **4.** Je n'aurais pas dû – **5.** je suis bête ! – **6.** Si j'avais su

5 *(Réponse possible)* J'aurais dû partir plus tôt. J'aurais mieux fait de ne pas discuter avec Florence. Que je suis bête, j'aurais dû réserver une place dans le train suivant !

6 *(Réponse possible)* J'aurais dû être plus patient(e). C'est ma faute si on s'est disputé(e) s. Que je suis bête de lui avoir parlé sur ce ton ! J'aurais mieux fait de me taire *(se taire = rester silencieux)* Si j'avais su comment ça allait tourner, je n'aurais jamais abordé ce sujet. Et lui/elle, il aurait pu me dire que ce sujet le/la blessait !

Exercices page 155

1 **1.** V – **2.** F – **3.** V – **4.** F

2 **1.** J'ai cru qu'ils n'obtiendraient... – **2.** Il m'a expliqué que ses parents faisaient... – **3.** Elle a prétendu que ses collègues s'entendaient... – **4.** Il a admis que son chien avait mordu... – **5.** Je t'ai dit que mes voisins ne s'apercevaient pas... – **6.** Ils m'ont raconté que les enfants étaient partis... – **7.** On m'a dit qu'une conférence de presse aurait lieu...

3 **1.** tailler – **2.** arroser, arrosoir – **3.** jardinage, entretenu – **4.** tondre – **5.** ramasser

4 *(Réponses possibles)* **1.** Qu'est-ce que tu as fait ? Ce n'est pas bien de regarder les mails personnels ! – **2.** Je ne te fais pas de reproches, mais c'est vraiment embêtant* que tu aies perdu mes clés ! – **3.** Vous auriez pu me prévenir qu'il y avait cette réunion, je fais tout de même partie de l'équipe ! – **4.** Pourquoi est-ce que tu n'as pas regardé l'étiquette du pull, avant de le laver ? – **5.** Vous auriez pu ranger votre chambre avant que vos grands-parents ne viennent !

5 *(Dialogue possible)* Qu'est-ce que tu as fait ? Pourquoi est-ce que tu as pris ce pot de peinture ? Tu aurais dû me demander la permission avant ! Regarde ce que tu as fait ! — Mais je voulais te faire une belle surprise pour ton anniversaire, un beau tableau !

Bilan n° 5

Exercices page 156

1 **1.** b – **2.** b – **3.** a – **4.** b – **5.** b – **6.** a – **7.** a – **8.** b – **9.** a – **10.** a

2 *(Réponses possibles)* **1.** Oui, avec plaisir, j'adore la cuisine thaïlandaise ! – **2.** Ah non, je suis désolé(e), je suis pris(e) mardi. – **3.** Si, hélas, je suis prise ! – **4.** Oui, ça me/nous va très bien. – **5.** Non, je n'ai rien de prévu. – **6.** Oui, je veux bien, par gourmandise ! – **7.** Oh, il ne fallait pas ! – **8.** Vraiment ? Ça alors ! – **9.** Ah oui, bonne idée ! – **10.** Non, ça ne m'ennuie pas du tout.

Exercices page 157

3 **1.** offre, sers – **2.** apporté – **3.** fait – **4.** dû, pu – **5.** reviens – **6.** te dirait, t'embêterait* – **7.** libre, disponible – **8.** repousser – **9.** plaisantes, m'étonnes – **10.** bien

4 *(Réponses possibles)* **1.** Pour exprimer la surprise. – **2.** Quand quelqu'un vous demande un service ou un changement de programme. – **3.** Quand on ne peut pas venir à un rendez-vous. – **4.** Pour remercier, quand on vous a apporté des fleurs ou du chocolat. – **5.** Quand on voudrait quitter une soirée. – **6.** Quand on fait un reproche à quelqu'un. – **7.** Quand on est un peu inquiet, soucieux. – **8.** Quand un(e) ami(e) est chez vous et que vous proposez quelque chose à boire. – **9.** Quand un rendez-vous est remis à une date ultérieure. – **10.** Quand on fait un reproche à quelqu'un qui a fait une bêtise.

5 *(Réponses possibles)* **1.** Et si on allait au cinéma ? – **2.** Tu ne voudrais pas venir dîner à la maison, un de ces soirs ? – **3.** Je suis désolé(e), j'ai un empêchement. – **4.** Qu'est-ce que je vous offre ? Un kir ? Un muscat ? Un jus de tomate ? – **5.** Que c'est gentil ! J'adore le chocolat. – **6.** Il se fait tard / je ne vais pas tarder à rentrer. – **7.** Et si vous invitiez le client à déjeuner ? – **8.** Non, franchement, ce film ne me dit pas grand-chose. – **9.** Je suis désolé(e), j'ai un empêchement de dernière minute, il va falloir reporter notre dîner ! – **10.** Ça alors, je n'en reviens pas !

Unité 37   Dire du bien

Exercices page 159

1 **1.** plu – **2.** très – **3.** fatigue – **4.** emballé*

2 **1.** de l'admiration – **2.** du grand art – **3.** du beau travail – **4.** de l'affection – **5.** de la bêtise

3 **1.** Le chorégraphe, virtuosité – **2.** La mise – **3.** costumes – **4.** Le metteur en scène, maîtrisent – **5.** éclairages

4 *(Réponses possibles)* **1.** Alors, ça vous a plu ? – **2.** Comment tu as trouvé le concert ? – **3.** Qu'est-ce qui t'a plu ? – **4.** Qu'est-ce que vous avez pensé de ce musée ? – **5.** Qu'est-ce que tu as pensé de ce film ?

5 **1.** ébloui, emballé* - **2.** trouvé – **3.** plu – **4.** splendide, magnifique – **5.** menée

6 *(Réponse possible)* Récemment, nous avons vu un ballet contemporain de toute beauté. Nous avons été émerveillés par la poésie du spectacle et par l'inventivité du chorégraphe. Les danseurs étaient magnifiques, bien sûr, et leurs mouvements étaient mis en valeur par des costumes aussi sobres que splendides.

Exercices page 161

1 1. F – 2. V – 3. V – 4. V – 5. F – 6. V

2 1. quelqu'un de – 2. quelque chose de / quelqu'un de – 3. rien de – 4. quelqu'un de – 5. quelque chose de – 6. rien d'

3 1. serviable – 2. le cœur, la main – 3. sacrée*/forte – 4. généreuse – 5. modeste/simple, sa modestie.

4 1. a – 2. b – 3. b – 4. a

5 *(Réponses possibles)* 1. Mon amie Joëlle a une forte personnalité. C'est ensuite quelqu'un de brillant, tout en étant très sensible. Tout le monde admire sa manière de parler, aussi intelligente que passionnée. C'est vraiment quelqu'un ! – 2. Lise est quelqu'un qui a le cœur sur la main. Elle est d'une générosité et d'une bonté rares. Elle attire tout le monde autour d'elle, grâce à ses grandes qualités humaines !

Exercices page 163

1 1. V – 2. V – 3. F – 4. V

2 1. Ils ont décidé de s'installer en pleine montagne, ce qui ne me surprend pas. – 2. Elle rencontre de gros problèmes professionnels, ce que je trouve injuste. – 3. Il pleut beaucoup dans cette région, ce dont elle se plaint beaucoup. – 4. Je ne travaille que quatre jours par semaine, ce qui me convient très bien. – 5. Nous allons à de nombreux concerts, ce que nous aimons beaucoup.

3 1. exigence – 2. dévouement – 3. souple – 4. créative – 5. patient.

4 *(Réponses possibles)* 1. Ah oui, je suis absolument ravi(e) de mon nouvel appartement, qui est beaucoup plus confortable que le précédent. – 2. Oui, ça a toujours été une passion, et même une vocation. – 3. Non, je n'ai aucun problème de transport, puisque j'ai la chance de travailler à 5 minutes de chez moi ! – 4. Ce qui me plaît, c'est que je suis indépendant(e) et que j'ai beaucoup de liberté d'action. – 5. Oui, cette activité m'intéresse énormément.

(Pas de corrigé pour le n° 5.)

Unité 38   Critiquer

Exercices page 165

1 1. F – 2. V – 3. V – 4. F – 5. V

2 *(Réponses possibles)* 1. L'entreprise a commis une erreur informatique, si bien que cela a entraîné un gros retard dans le traitement des dossiers. – 2. Il a fait du ski toute la journée. Du coup, il a des courbatures dans les jambes ! – **3.** Elle a mangé à en avoir mal à l'estomac. / Elle a trop mangé pendant le repas de Noël. Par conséquent, elle a eu mal à l'estomac. – **4.** Il est maigre à faire peur ! – **5.** Ils n'ont pas travaillé ni révisé. Du coup, ils ont raté leurs examens.

3 **1.** exposition, catalogue, œuvres, présentées, cartes postales d'art, l'affiche, tableau

4 *(Réponses possibles)* **1.** Non, ça ne m'a pas plu du tout ! – **2.** Non, ce n'était pas génial*. – **3.** Complètement raté ! Je me suis ennuyé(e) à mourir ! – **4.** Non, c'était mal fait, c'était n'importe quoi ! – **5.** J'en ai pensé beaucoup de mal, car il est sans logique, trop superficiel et mal présenté !

5 *(Réponse possible)* J'ai vu récemment un film absolument sans intérêt. L'histoire était des plus banales, à tel point que je pouvais deviner ce qui allait se passer. Je me suis même endormi(e) quelques minutes pendant le film ! Les acteurs n'étaient pas très convaincants non plus, leur jeu était très peu naturel. Bref, je ne te/vous le recommande pas !

Exercices page 167

1 **1.** V – **2.** F – **3.** V – **4.** V

2 *(Réponses possibles)* **1.** Il est tellement passif que… / Il est d'une telle passivité qu'il ne prend… – **2.** Ils sont tellement hypocrites que personne… / Ils font preuve d'une telle hypocrisie que personne… – **3.** Il a montré une telle agressivité que… / Il a été tellement agressif que… – **4.** Vous avez été tellement sec dans votre réponse que c'est à la limite… – **5.** Il est tellement arrogant que… / Il est d'une telle arrogance que…

3 2, 3, 5, 7, 8

4 Emmanuelle n'est pas quelqu'un de bien. Elle a toujours montré la plus grande hypocrisie, elle fait semblant d'être une amie alors qu'en cachette, elle joue de mauvais tours aux gens qui l'ont aidée. Elle a réussi à se faire détester de personnes particulièrement bienveillantes ! De plus, personne ne lui fait plus confiance, vu qu'elle a menti plus d'une fois. Bref, ce n'est pas quelqu'un de recommandable.

Exercices page 169

1 **1.** V – **2.** F – **3.** V – **4.** F

2 **1.** Oui, j'en connais les caractéristiques. – **2.** Oui, elle en apprécie les qualités. – **3.** Ils en ont tiré les conclusions. – **4.** Oui, j'en vois les limites. – **5.** Elle en comprendra l'utilité.

3 **1.** fatigant – **2.** c'est enthousiasmant – **3.** c'est énervant – **4.** c'est démoralisant – **5.** c'est décevant

4 **1.** inconvénients/désavantages – **2.** haut – **3.** démotivante – **4.** pénible – **5.** décevante

5 *(Réponse possible)* J'ai participé à un séminaire, il y a deux semaines, qui était très pénible. C'est la direction de l'entreprise qui nous avait obligés à y aller, mais personne n'a compris le but de la réunion. Apparemment, il s'agissait de présenter un nouveau programme d'évaluation des compétences, mais c'était tellement mal fait que personne n'y a rien compris. En plus, il a fallu parler en anglais toute la journée, ce qui était donc fatigant. Au bout d'un certain temps, j'en ai eu assez, je suis parti(e), tellement c'était ennuyeux et inutile. C'était une vraie perte de temps, alors que nous avons énormément de travail en ce moment !

Unité 39   Demander, donner des conseils

Exercices page 171

1   **1.** V – **2.** V – **3.** F – **4.** F

2   *(Réponses possibles)* **1.** la noire – **2.** les petits. – **3.** les rouges – **4.** dans la grande – **5.** avec le beige – **6.** les jaunes et les blanches.

3   *(Réponses possibles)* **1.** Est-ce que tu penses que je devrais les appeler ? – **2.** Je ne sais pas quoi lui apporter. – **3.** Qu'est-ce que tu mettrais, à ma place ? – **4.** Tu crois que je pourrais rester en short ? – **5.** Tu penses que je devrais mettre une cravate ?

4   *(Réponses possibles)* **1.** Quel restaurant est-ce que vous me conseillez pour manger une bonne spécialité française ? – **2.** Je ne sais vraiment pas quelle région visiter. – **3.** Qu'est-ce que vous feriez, à ma place, pour rencontrer des Français ? – **4.** Je suis embarrassé(e), je ne sais pas quoi apporter. – **5.** Comment est-ce que je dois m'habiller, pour la circonstance ?

Exercices page 173

1   **1.** V – **2.** F – **3.** F – **4.** F

2   **1.** elles – **2.** eux – **3.** lui – **4.** eux – **5.** moi

3   **1.** l'école primaire – **2.** matière – **3.** la rentrée – **4.** l'école – **5.** la rentrée

4   *(Réponses possibles)* **1.** À ta place, je lui offrirais un bijou. – **2.** Si j'étais toi, j'inviterais tous ses amis à un beau goûter et j'organiserais des jeux dans le jardin. – **3.** Tu pourrais peut-être leur offrir une boîte de chocolats ou du champagne ? – **4.** Si j'étais toi, je mettrais juste un pantalon et un joli pull. – **5.** Pourquoi ne pas lui envoyer un cadeau avec une petite carte d'excuse ?

5   *(Réponses possibles)* **1.** Il vaudrait peut-être mieux que vous preniez moins de sacs ! Vous pourriez demander à quelqu'un de vous aider. Pourquoi ne pas prendre un chariot ? – **2.** Tu pourrais ranger ta chambre, non ? À ta place, je commencerais par trier *(« trier » = sélectionner ce que l'on jette et ce que l'on garde)* tous ces vieux papiers et par mettre tes affaires de sport dans le placard. Tu ferais mieux de tout ranger plutôt que de passer des heures devant ton écran d'ordinateur !

1   **1.** V – **2.** V – **3.** F

2   **1.** Que dire ? – **2.** Leur envoyer une invitation ? / Pourquoi ne pas leur envoyer une invitation ? – **3.** Comment m'y prendre ? – **4.** Comment formuler la question ? – **5.** Où m'installer ?

3   **1.** ment – **2.** échec – **3.** échouer – **4.** se retourne – **5.** tourner

4   *(Réponses possibles)* **1.** Vous pensez que nous devrions changer de stratégie ? – **2.** Je ne sais pas quoi faire avec mes voisins qui sont à la fois très gentils et très bruyants. – **3.** Et si j'invitais toute l'équipe à dîner ? – **4.** Je crois que je vais aller le voir et lui poser directement quelques questions. – **5.** Son projet est complètement idiot, je vais le lui dire franchement. – **6.** J'ai décidé de faire comme si j'étais satisfait(e) et de toujours sourire à tout le monde.

5   *(Dialogue possible)*
Vous : Je ne sais pas quoi faire avec mon collègue. On ne peut jamais le critiquer, il croit toujours qu'il est le meilleur, alors qu'il fait pas mal de bêtises. Qu'est-ce que tu ferais, à ma place ?
Un(e) ami(e) : C'est difficile, mais je serais toi, j'irais parler à son chef. Après tout, ce n'est pas à toi de gérer l'équipe.
Vous : Tu penses que je pourrais demander un rendez-vous ? Cela ne va pas paraître trop dramatique ?
Un(e) ami(e) : Non, je crois que c'est ce que tu devrais faire.

Unité 40   Demander ou donner une opinion

1   **1.** F – **2.** F – **3.** F – **4.** V

2   *(Réponses possibles)* **1.** dès – **2.** à compter – **3.** à partir – **4.** dès – **5.** à dater

3   **1.** mettre – **2.** favoriser / privilégier /encourager – **3.** concluante/positive – **4.** privilégier – **5.** tenter, donne

4   **1.** avis – **2.** crois, trouves – **3.** point de vue, avis – **4.** selon, d'après – **5.** pensez, semble

5   *(Réponses possibles)* **1.** Non, je ne pense pas que ce soit utile, celui que nous avons suffit largement ! – **2.** Oui, à mon avis, ce serait une très bonne idée ! – **3.** Non, je ne crois pas que ce soit une bonne idée d'obliger qui que ce soit à jouer d'un instrument de musique ! – **4.** Oui, bien sûr, il est très important de développer des activités sportives accessibles aux handicapés, mais pas forcément réservées à eux seuls. – **5.** Oui, il est évident que ce serait très bien que les personnes âgées puissent voyager ! – **6.** Je ne sais pas ce que vous en pensez, mais je trouve que c'est une décision personnelle et libre. J'estime qu'il ne faut pas forcer quelqu'un à militer dans une association humanitaire ou autre, d'ailleurs.

Unité 41   Accords et désaccords

Exercices page 179

1   **1.** V – **2.** F

2   **1.** elle ne pense qu'à – **2.** il ne s'occupera que – **3.** ils n'ont pris qu'un – **4.** Il n'y aura qu'une – **5.** Elle n'a fait qu'une

3   **1.** dépourvu – **2.** se plaint – **3.** fournir/donner – **4.** manquons, pénurie

4   **1.** b – **2.** a – **3.** b – **4.** a – **5.** b

5   *(Réponses possibles)* **1.** Oui, je suis entièrement d'accord avec cette idée. – **2.** Je ne pense pas que cela soit faux. Il est effectivement possible que vous ayez raison. – **3.** Cela va de soi ! Je ne vois pas comment on pourrait s'opposer à cette idée !

Exercices page 181

1   **1.** V – **2.** V – **3.** F – **4.** F

2   **1.** pour – **2.** contre – **3.** sur – **4.** à – **5.** entre – **6.** pour

3   **1.** politique – **2.** écologiste, protection/défense – **3.** écologique, péril/danger – **4.** protéger – **5.** durable

4   **a :** 1, 3, 5, 6 – **b :** 2, 4, 7, 8

5   *(Réponses possibles)* **1.** Je ne suis pas forcément pour cette idée, cela dépend des situations. – **2.** Je n'ai pas l'impression qu'il soit nécessaire de demander à tout le monde de travailler le dimanche ! – **3.** Je n'ai pas d'opinion sur la question, mais cela me paraît irréaliste de supprimer toute la publicité ! – **4.** Je ne suis absolument pas d'accord avec cette idée ! – **5.** Je m'oppose farouchement *(= avec passion et fermeté)* à cette idée !

Unité 42   Intentions et espoirs

Exercices page 183

1   **1.** V – **2.** V – **3.** F – **4.** F

2   *(Réponses possibles)* **1.** En vérifiant sur Internet, c'est le plus facile. – **2.** En lisant beaucoup, en parlant avec des Français et en étudiant, bien sûr ! – **3.** Je vais me faire conseiller par des amis, car le « bouche à oreille » fonctionne très bien. – **4.** Je m'habille avec élégance / d'une manière élégante. – **5.** Je les reçois à la bonne franquette !

3   **1.** Il n'a qu'une idée en tête : partir… – **2.** se fera – **3.** t'y prendre – **4.** franchira-t-il le pas – **5.** peser le pour et le contre

4   *(Réponses possibles)* **1.** avez l'intention/avez le projet – **2.** rêvé – **3.** envisagez de / comptez – **4.** exclu/impossible – **5.** l'intention – **6.** j'ai prévu

5 *(Réponse possible)* Je rêve de vivre à l'étranger 6 mois par an. Dans dix ans, j'espère que j'aurai un appartement à Berlin et un à Rome. En attendant, j'ai le projet d'apprendre le mieux possible l'allemand et l'italien. Il n'est pas exclu que je prenne des cours. Je n'ai pas l'intention de changer radicalement de vie, mais plutôt de réaliser de vieux rêves !

Bilan n° 6

Exercices page 184

1 **1.** b – **2.** h – **3.** e – **4.** f – **5.** i – **6.** c – **7.** j – **8.** a – **9.** g – **10.** d

2 *(Réponses possibles)* **1.** Je te conseille d'emporter des vêtements chauds et imperméables. – **2.** Tu devrais lui donner rendez-vous une demi-heure plus tôt que prévu ! – **3.** Tu n'as qu'à aller leur parler et leur expliquer qu'ils gênent tout le monde ! – **4.** Tu pourrais lui demander un renseignement, histoire d'entamer la conversation. – **5.** Si j'étais toi, j'emporterais de la charcuterie, des fruits, du pain et des gâteaux pour les enfants. – **6.** À ta place, j'apporterais des fleurs, cela fait toujours plaisir.

3 *(Réponses possibles)* **1.** un film, un spectacle, un livre – **2.** un exposé, un article ou un objet – **3.** un film, un livre ou un conférencier / professeur… – **4.** Un vêtement, un rendez-vous – **5.** un film, un documentaire, une interview, une conférence… – **6.** des personnes – **7.** une femme – **8.** un dîner, un projet – **9.** un livre, une conférence – **10.** une opinion.

Exercices page 185

4 *(Réponses possibles)* **1.** Je ne nie pas / j'admets – **2.** Vous n'avez pas tort. – **3.** Ils comptent. – **4.** Je vous déconseille de les inviter / Si j'étais vous, je ne les inviterais pas. – **5.** Elle n'a qu'à le contacter… – **6.** Ça n'a aucun intérêt / Ça ne soutient pas l'intérêt. – **7.** votre avis. – **8.** Comment as-tu trouvé ce film ? – **9.** D'après lui – **10.** Elle ne s'oppose pas à

5 *(Réponses possibles)* **1.** Ce film est complètement nul. – **2.** Michèle est quelqu'un de bien. – **3.** D'après toi, est-ce que je peux porter cette veste ? – **4.** À ma place, qu'est-ce que vous feriez comme travaux ? – **5.** Je suis entièrement de ton avis. – **6.** Mon rêve, c'est de partir en Andalousie. – **7.** Mon travail ne me plaît pas du tout, je m'y ennuie à mourir !

6 *(Réponses possibles)* **1.** Oui, il m'a beaucoup plu, c'était une pure merveille. – **2.** Je vous conseillerais d'établir un carnet de vocabulaire. – **3.** Je demanderais à des amis, car c'est souvent de bouche à oreille qu'on obtient les meilleurs renseignements. – **4.** Je ne peux pas le supporter, il est odieux ! – **5.** Oui, il m'a captivé(e)/passionné(e) !

Activités communicatives

Activité communicative n° 1, exercices page 186

1   **1.** V – **2.** V – **3.** F – **4.** F

2   **1.** fait – **2.** bonne – **3.** indiqués – **4.** par – **5.** à – **6.** vous en prie

3   *(Réponses possibles)* **1.** Non, c'est par là ! – **2.** C'est de l'autre côté de la place. – **3.** Vous devez suivre la direction « Bordeaux ». – **4.** Non, c'est tout près. – **5.** Non, ce n'est pas bien indiqué. – **6.** C'est à une dizaine de kilomètres d'ici. – **7.** Il faut que vous passiez par le centre-ville.

Activité communicative n° 2, exercices page 187

1   **1.** V – **2.** F – **3.** V

2   **1.** se renseigner – **2.** dont – **3.** selon – **4.** clientèle – **5.** un devis

3   *(Réponses possibles)* **1.** C'est pour quel jour / pour quelle date ? – **2.** Qu'est-ce qu'il vous faudrait / Quel genre de salle est-ce qu'il vous faudrait ? – **3.** Est-ce qu'il faut prévoir un dîner ? – **4.** Vous me laissez vos coordonnées ?

Activité communicative n° 3, exercices page 188

1   **1.** F – **2.** F – **3.** F – **4.** F

2   **1.** comptent/envisagent de – **2.** n'a pas envie de – **3.** convient – **4.** est plein – **5.** disponible

3   **1.** Je voudrais des renseignements sur votre club, s'il vous plaît. – **2.** Environ 10 000 euros. – **3.** Au centre-ville, de préférence. – **4.** Ah non, je suis désolé(e), vendredi, je serai en déplacement.

Activité communicative n° 4, exercices page 189

1   **1.** F – **2.** F – **3.** V – **4.** F – **5.** F

2   **1.** se passe – **2.** me renseigner – **3.** désolé – **4.** débordés – **5.** panne

3   *(Réponses possibles)* **1.** C'est incroyable, la livraison devait être faite ce matin et il est déjà midi ! – **2.** Je n'aurais jamais dû choisir cette entreprise / je regrette d'avoir choisi cette entreprise. – **3.** Je vais me renseigner. – **4.** Ne quittez pas, s'il vous plaît. – **5.** Je vous téléphone à propos de…

Activité communicative n° 5, exercices page 190

1   **1.** V – **2.** F – **3.** F – **4.** F – **5.** F

2   **1.** voler – **2.** renseigné(e), abordé(e) – **3.** reviens – **4.** déclarer

3   **1.** F – **2.** F – **3.** F – **4.** V – **5.** V – **6.** F

Activité communicative n° 6, exercices page 191

1   **1.** F – **2.** V – **3.** F – **4.** F – **5.** F

2 1. Il ne se souvient plus du nom… / Il ne sait plus le nom… – **2.** Qu'est-ce que tu deviens / vous devenez ? – **3.** êtes – **4.** Félicitations ! / Chapeau ! – **5.** un emploi – **6.** Tu n'as qu'à me téléphoner.

3 1. Alors, quoi de neuf ? / Qu'est-ce que tu deviens ? – **2.** Je ne vais pas m'attarder, il va falloir que j'y aille. – **3.** Toutes mes félicitations, je suis ravi(e) pour toi/vous ! – **4.** J'aurais dû téléphoner à ma cousine !

Activité communicative n° 7, exercices page 192

1 1. F – **2.** F – **3.** V – **4.** F – **5.** V

2 1. pensez – **2.** opinion, avis – **3.** reconnaît, admet – **4.** d'accord, en désaccord – **5.** compte

3 *(Réponses possibles)* **1.** Qu'est-ce que tu as pensé de ce concert ? – **2.** À mon avis, il faut renoncer à ce projet. – **3.** Je trouve difficile de communiquer avec ce genre de personne. – **4.** Qu'est-ce que tu comptes faire ?

Activité communicative n° 8, exercices page 193

1 1. F – **2.** V – **3.** F – **4.** V

2 1. donne – **2.** trompé(e) – **3.** bon, bien – **4.** question – **5.** inadmissible / scandaleux / incroyable !

3 1. Elle se sera perdue. – **2.** bonne – **3.** Un instant, s'il vous plaît. – **4.** c'est hors de question – **5.** Vous plaisantez ? – **6.** Cela m'étonne que

Activité communicative n° 9, exercices page 194

3 1. F – **2.** V – **3.** F – **4.** V – **5.** F

2 1. fait – **2.** n'en – **3.** assurent – **4.** se plaignent – **5.** pourtant – **6.** répète

3 *(Réponses possibles)* **1.** Mais ce n'est pas moi qui ai jeté ce papier ! – **2.** Je n'en reviens pas ! – **3.** Et si c'était Thierry qui s'est trompé ? – **4.** Je te/vous répète que ce n'est pas moi ! – **5.** Vous ne vous rendez pas compte de la difficulté ! / Vous ne vous rendez pas compte que c'est difficile ! – **6.** J'admets / Je ne nie pas / je reconnais que…

FSC
www.fsc.org
MIXTE
Papier issu
de sources
responsables
FSC® C022030

Imprimé en France en septembre 2014 par Clerc
N° d'éditeur : 10210528
N° dépôt légal : février 2014